STEFFI VON WOLFF

DER GEIST IST WILLIG, DER KÖRPER CHILLIG

Warum ich meine
Selbstoptimierungs-Strategie
in Teilzeit geschickt habe

Für meinen Mann Fridtjof.
Es ist wunderbar mit dir an meiner Seite!

INHALT

VORWORT: Mein perfektes Team 5

KAPITEL 1: Gesund leben 11

Erdbeeren haben ja kaum Kalorien – zu den persönlichen Problemzonen 12

Nicht hopplahopp und holterdiepolter, sondern gemach, gemach 18

In vino veritas und andere leckere Sachen 37

Stolz, Jubel und Selbstwahrnehmung 48

Ist das auch alles gesund? 50

Walkie-Talkie mit der Freundin: »Wir müssen dich bewegen!« 59

Sportstudios sind sooo toll! Nicht. 68

KAPITEL 2: Außenleben – Innenleben 77

Lasst uns über Taunustörtchen & Co. sprechen 78

Wir sortieren aus! 89

Nein zu Enkelkindern? 98

Wir gehen in uns 102

KAPITEL 3: Wechselleben — 109

Ganz schön warm hier und wie man sich mit den Wechseljahren so halbwegs versöhnt — 110

Meine Füße führen ein Eigenleben – ja und? Sei gut zu ihnen — 117

Wie bitte? Wer nicht hören will, braucht auch kein Hörgerät — 125

Ich sage Nein. Oder: Ich werde erwachsen! — 132

KAPITEL 4: Lieber länger lustvoll leben — 137

Seid altersmilde, solange ihr es noch könnt — 138

Wir machen uns locker mit den Dingen, die wir nicht ändern können — 147

Bereit für neue Freundschaften? — 157

Ü-50-Partys! Yeah! — 161

Tabuthema Sterben. Warum? — 167

Erzählen Sie doch mal – älteren Menschen zuhören ist so schön — 177

NACHWORT: Die etwas andere Bucket-List — 181

VORWORT
Mein perfektes Team

Samstagnachmittag, der Nachmittag, an dem ich beschloss, in meinem Leben aufzuräumen und etwas zu ändern: Ich hatte Todesanzeigen gelesen, und ich war fassungslos darüber, wie viele Leute in meinem Alter sterben. So jung. Moment mal. *So jung?* Nee. Mal kurz der Realität ins Auge gesehen: Mit fast 60 ist man nicht mehr »so jung«, da ist man in dem Alter, in dem »junge Frau« zu einem gesagt wird, obwohl unser Gegenüber das Gegenteil meint, was ich im Übrigen ein Unding finde. Aber das ist ein anderes Thema.

Noch schlimmer aber finde ich es, wenn in den Todesanzeigen steht: *»Tapfer und bescheiden war sein ganzes Leben«* oder *»Anspruchslos hat sie geschafft für ihre Lieben«*. Oder diese Gedichte:

> *»Nur Arbeit war dein Leben,*
> *nie dachtest du an dich,*
> *für deine Lieben streben*
> *war deine höchste Pflicht.«*

Hallo, geht's noch? Was ist denn das für ein schreckliches Dasein, das der Verstorbene geführt hat? Hat dieser Mensch nie was für sich getan? Gehört er zu den Leuten, die klaglos für andere geschuftet haben? So was macht mich fassungslos. Ganz, ganz sicher will ich so nicht enden, nicht mit diesem Vierzeiler. Diese Trauergedichte sollten gesetzlich verboten werden, ich glaub, es hackt.

Nein, mit mir nicht. Ich stelle mir meine Todesanzeige ungefähr so vor:

> Bis zum Schluss hab ich es krachen lassen,
> und das mit Wumms!
> Jetzt seid ihr dran: Feiert, bis der Arzt kommt,
> hebt die Gläser auf mich und freut euch,
> dass ihr noch am Leben seid!
> Auf geht's!
>
> # ICH
>
> 1966 – (*sehen wir dann*)
>
> Ich hab gern gelacht, gelebt und geliebt.
> Macht es doch bitte genauso.
> Heulen könnt ihr später!
> Feiert das Leben, esst, anstatt zu trauern,
> lieber noch ein Jägerschnitzel oder
> eine Schwarzwälder Kirschtorte.
> Und trinkt Bier und Wein.
> Rechnung geht auf mich.

So oder so ähnlich. Ich habe mir tatsächlich überlegt, ein Konto für meine Trauerfeier einzurichten, damit ich alle einladen kann. Eine Art Sterbefeiergeldvorsorge. Ich begann sogar schon zu sparen, weil meine Liste der Trauergäste immer länger wurde. Ähnlich wie bei einer Hochzeit. Muss man Ellen einladen, darf auch Marc nicht fehlen, steht Hans-Georg auf der Liste, bekommt Rebecca einen Herzinfarkt, wenn sie nicht eingeladen wurde. Man will ja finanziell und gesundheitlich niemanden mehr belasten, wenn man über die Wupper gegangen ist. Jaja, mit so was beschäftigt man sich halt auch mal, wenn man älter wird. Mein Mann hätte auch nie gedacht, dass auf Grillabenden die Prostata-Vorsorgeuntersuchung und Darmspiegelungen, von manchen Menschen für mich unverständlicherweise »Große Hafenrundfahrt« genannt, Thema sein würden.

Ich fände es jedenfalls furchtbar, wenn mein Leben daraus bestehen würde, immer nur für die anderen da zu sein. Ich selbst sollte mir doch am meisten was wert sein. Also jeder Mensch sollte das sein. Für sich. Selbstliebe, nicht dauernd Optimierung. In diesem einen Leben muss und sollte doch nicht alles geradeaus zugehen. Und darum geht es hier!

Dieser Nachmittag war übrigens auch der Nachmittag, an dem ich beschlossen habe, dankbar zu sein für das, was ich habe. Meine Gesundheit (na ja, so halbwegs, dazu später mehr), meinen Sohn, meinen Mann, meine beste Freundin, meine anderen lieben Freundinnen, dankbar für einen Beruf, der mir Freude bringt. Das soll auch bitte alles so bleiben.

Die Zeit, Danke zu sagen, ist also auch gekommen!
Unter anderem.
Das ändern, was wichtig ist. Dankbar sein, für das, was man hat. Und vor allen Dingen: Den Humor nicht verlieren, das ist wichtig. Auch darum soll es gehen. Nicht alles so ernst nehmen, mal durchatmen und denken: Ach, egal. Dann

eben so. Oder dann eben nicht. Setz ich mich eben hin und ess ein Stück Käsesahnetorte. Oder einen Apfel. Je nachdem.

Nach diesen tiefen Erkenntnissen habe ich mich hingesetzt und nachgedacht. Womit werde ich anfangen, was will ich als Erstes angehen, verändern?

Die Antwort war sehr leicht: Ich war zu schwer. Das meinte ich eben mit »halbwegs« zum Thema Gesundheit. Ich habe das verdrängt. Aber ach, was soll's. Ich bin doch keine 20 mehr, muss mir nix beweisen. Irgendwann muss man sich entscheiden, ob man Kuh oder Ziege sein will, so heißt es doch. Jaja. Bin ich halt ne disziplinlose Kuh, oder? Hm. Nee.

Zufälligerweise will ich gern noch am Leben bleiben. Mir fiel ein Gespräch ein, das ich vor ungefähr zehn Jahren geführt habe. Eine Bloggerin gestand mir, dass sie über 180 Kilo wiegt. Ja, wirklich. Und sie sagte weiterhin, die Ärzte hätten ihr mitgeteilt, dass sie sterben würde, wenn sie nichts dagegen unternähme und womöglich noch mehr zunähme. Hui. Das war schon was. Sie hat sich dann tatsächlich für eine Magenverkleinerung entschieden und lebt heute noch. Ein Glück.

Also. Da möchte ich nicht landen. Die Waage wird zu meinem persönlichen Heavy Metal, das beschließe ich!

Fangen wir doch einfach mal an mit Bitte und Danke, mit Essen und Trinken, mit grauen Haaren und unseren Problemfüßen. Und mit dem, was uns auf unserem Weg sonst noch vor die Füße fällt.

Wir lassen uns nicht unterkriegen. Ich werde meinen Weg gehen, aber hallo! Es muss nicht immer geradeaus gehen, nicht nur nach rechts oder nur nach links, es wird große und kleine Kurven geben und manchmal auch leichte Anhöhen, vielleicht auch mal einen Berg.

Der Weg ist steinig? Meiner nicht. Denn in mir wohnt ein perfektes Team: Mein Geist ist zwar unbedingt willig, aber mein Körper oft recht chillig gestimmt. So haben mein Geist und mein Körper sich darauf geeinigt: MAN MUSS AUCH MAL WEIN SAGEN KÖNNEN! Und damit geht's mir wunderbar.

Ja, tatsächlich!

Beginnen werde ich also mit einem Thema, das mit Sicherheit jede Frau schon mal beschäftigt hat. Das Essen. Die Nahrungsaufnahme. Würden wir noch in der Steinzeit leben, wäre das alles kein Problem. Die Auswahl war gering, das, was man aß, war überwiegend gesund, es gab weder Ritter Sport Vollnuss noch Erdnussflips.

Doch heute ist das Gewicht für viele und gerade für Frauen immer und immer wieder ein Thema. Für mich auch. Natürlich. Warum sollte es ausgerechnet für mich keins sein?

Kommen wir mal zu den Tatsachen:

Ja, ich war richtig fett und bin immer noch übergewichtig. Das will ich weiter ändern. Es kommt auch noch hinzu, dass ich keinen Herzschlag oder Schlaganfall bekommen möchte, ich möchte kein Diabetes kriegen, und auch sonst all das nicht, was man so kriegen kann, wenn man fett ist. Ja, fett. *Fett.* Noch traue ich mich nicht, mit meiner Waage meinen Körperfettanteil zu messen. Ich würde wahrscheinlich vor Schock erstarren und bliebe dann für immer da stehen. Außerdem wird das bestimmt abgespeichert und dann sieht das eventuell mein Mann, was es unter allen Umständen zu vermeiden gilt.

Hilfe! Ich möchte, dass mir meine Ringe wieder passen. Damit meine ich nicht die Bauchringe, sondern die schönen goldenen mit den grünen Steinen. Die geerbten.

Ich will wieder gut aussehen. So wie damals auf meiner Autogrammkarte. Ok, ist ein Vierteljahrhundert her, also ich will ungefähr so aussehen …

Was noch? Es wird in diesem Buch nicht nur ums Essen gehen, obwohl es meiner Natur gemäß mein Lieblingsthema ist. Aber innen und außen hängen ja so eng zusammen! Es wird auch um Gesundheit gehen und warum Wein nicht automatisch Gift ist. Wobei er natürlich ein Gift ist, ich rede auch nicht davon, den Alkohol zu bejubeln (nur ein bisschen). Wir werden über Freundschaft sprechen, über Enkelkinder und Problemfüße, das Wechselleben und das Ablegen von blöden Gewohnheiten, über Altersweisheit – ein spießiges Wort, aber ich mag es irgendwie.

Es wird nicht um »Ich liebe Sport« gehen, auch nicht um »Ich trinke viel Wasser, darum ist meine Haut so glatt.«

Versprochen!

Es geht darum, mehr so zu leben, wie wir wollen – und um einen willig-chilligen Weg dahin. Kommt mit mir mit: Das ist meine Einladung. Auf geht's!

KAPITEL 1

Gesund leben

Nein. Sie sollen nicht nie mehr Kuchen essen und nicht nur Möhrchen knabbern wie eine hagere, in die Jahre gekommene Häsin. Wir wollen einen schicken Weg finden, vieles ohne schlechtes Gewissen machen zu können, denn, richtig – wir wollen leben! Gut leben, aber auch so, dass wir nicht mit 50 oder 60 den Löffel abgeben. (Interessante Sprucherklärungen, googeln Sie mal!)

Erdbeeren haben ja kaum Kalorien – zu den persönlichen Problemzonen

So. Tadaa! Ich war also zu fett. Dünn war ich noch nie, aber so, wie es jetzt war, war das kein Spaß mehr. So wollte ich nicht mehr leben. Das ist schon mal eine Tatsache. Seit Corona-Beginn im März 2020 habe ich aus, wie ich meinte, gegebenem Anlass, tausend Gründe gesucht, mich nicht mehr zu bewegen und mich nicht mehr zu wiegen und nicht nur in der Weihnachtszeit lecker Raclette und Fondue mit Aioli, Currysoße, Kräuterbutter und viel, viel Baguette aus Weizenmehl in mich reinzustopfen. Natürlich auch Schokoladentrüffel und Zimtsterne in der Plätzchensaison, Mohnstollen, Kipferl, Lebkuchen, diese kleinen Schokoladenherzen mit der Fruchtfüllung auch, das volle Programm eben. Ich backe und nasche (also fresse) ja so gern. Zu meiner Ehre (als ob das irgendwas ändern würde) muss ich sagen: Ich verschenke auch viel. Ich liebe es, Gebäck vorsichtig in kleine Zellophantütchen zu legen und dann viele Schleifchen drumzubinden. Und probieren muss man seine Werke ja. Sonst ist man doch kein guter Bäcker. Warum gibt es eigentlich dünne Konditoren? Das ist doch unnormal. Ach, die essen einfach nichts mehr von dem ganzen Kram. Gibt's denn so was! Also ich wüsste, wie ich als Konditorin aussähe. Eigentlich bin ich eine Konditorin. Schon immer gewesen.

Ach, man kann sich alles so schön zurechtsabbeln. Da gibt es herrliche Beispiele:
In der Umkleidekabine lässt der Spiegel einen dicker erscheinen, deswegen sieht man so schrecklich aus.
Nee: In der Kabine ist zwar eine Beleuchtung, dass man annehmen könnte, in einem Alien-Film gelandet zu sein, aber

die Spiegel sind natürlich so eingestellt, dass sie einen *dünner* wirken lassen. Die Leute wollen ja Klamotten verkaufen; die wollen nicht, dass wir aus der Kabine straucheln und wegrennen.

Erdbeeren haben ja kaum Kalorien.
Das ist richtig. 100 Gramm etwas über 30. Also kann man sich gern eine 500-Gramm-Schale kaufen und essen: wenn man sie ohne was isst. Also ohne sie in Zucker zu stippen, ohne Mürbeteig oder Blätterteig drunter, ohne Buttercreme zwischen Teig und Frucht, ohne Tortenguss, ohne Sahne. Merke: Das Wort *ohne* spielt hier eine große Rolle.

Man muss immer Knabberzeug und eine gefüllte Süßigkeitenschublade zu Hause sein Eigen nennen, denn wenn unerwarteter Besuch kommt, der Appetit auf ein Hanuta oder Fernsehgebäck hat, muss dieses natürlich vorrätig sein.
Nein, muss man nicht. Kaffee oder Tee genügen vollkommen.

Und so weiter. Jeder, wirklich jeder, den ich kenne, kann diese Liste vervollständigen.

Jedenfalls: Jetzt will ich es wissen, auch wenn es möglicherweise ein bisschen schlimm wird. (Nachtrag ein paar Wochen später: Es war schlimm. So schlimm.)

Ach so: Was war der letztliche Auslöser, um auf die Waage zu steigen?

Nun, ich lag – nun kommen wir dazu, ich erwähnte es eingangs – in der Badewanne und war glücklich, denn vor einiger Zeit war das Badezimmer nach meinen Wünschen renoviert und eingerichtet worden, sehr barock mit goldenem Spiegel, mit diesen englischen Hot-Cold-Armaturen, dunkelgrünen Wänden, Kronleuchter, Kerzen in üppigen Kandelabern. Wie bei Marie Antoinette, bevor sie unter die Guillotine kam, die arme Frau.

Ich lag also eingeschäumt in diesem illuminierten Badepalast und war guter Dinge. Und in der Wanne hörte ich an diesem denkwürdigen Tage klassische Musik, fühlte mich wohl und wie eine Hofdame oder meinetwegen auch Mätresse am Hofe König Ludwigs des XIV. in Versailles! Ich neige mit Vergleichen zum Hochadel, weil ich eine kleine Klatsche habe, was das betrifft, ich sammle auch royale Tassen und gucke jede Hochzeit im Fernsehen, natürlich mit Fernsehgebäck und Snickers.

Aber ich schweife ab. Irgendwann hatte ich genug von den Badefreuden und wollte aus der Badewanne steigen.

Ja. *Wollte*. Denn – ich kam nicht mehr hoch!

Es war entsetzlich. Es gibt ja diese süßen Videos von Walrössern und Seehunden, die am Strand entlangrobben oder sich auf dem Rücken liegend sonnen. Das findet jeder ganz niedlich und entzückend, ich auch. In diesem Moment allerdings fühlte ich mich wie ein trächtig wirkendes, aber einfach nur extrem mopsiges Walross, das nicht aus dem Wasser kam, und in der Wanne hin und her waberte wie ein fetter Fisch, den man bis zur Zubereitung noch ein bisschen schwimmen lässt.

Nicht um alles in der Welt hätte ich um Hilfe gerufen, es war ja auch gar keiner zu Hause. Natürlich, ich hätte um Hilfe rufen können, und dann hätte vielleicht jemand die Feuerwehr gerufen, und die wäre gekommen, hätte die Wohnungstür aufgebrochen und mich aus der Wanne geholt. Fortan wäre ich nicht mehr »die nette Nachbarin« gewesen, sondern »die, die so fett ist, dass sie nicht mehr allein aus der Badewanne kommt«.

Das wollte ich nicht.

Nach einer Ewigkeit des Hindümpelns, nach Drehungen und Wendungen im kälter werdenden Wasser schaffte ich es dann, mit wahnsinnig ausgestrecktem Arm quasi eine Pilates-Übung zu absolvieren, ein Handtuch vom Ständer zu ziehen und auf den Wannenboden zu legen, damit ich Halt hatte. Natürlich schob ich meine Schmach zunächst auf den öligen Badeschaum, da findet man ja keinen Halt in der Wanne, was soll das eigentlich, ich verklage den Hersteller und so weiter. Dann die nächste Erniedrigung: Es befand sich, nachdem ich es endlich, endlich geschafft hatte, aus dieser verdammten Wanne zu kommen, *kaum* mehr Wasser in derselben. Gut, ich hatte beim Herumwälzen ein wenig davon geschluckt, aber doch nicht *mehrere Liter*. Das hätte ich ja auch gesundheitlich schon merken müssen. Öliger Badeschaum ist wahrscheinlich genauso giftig wie Haarfärbemittel oder Zyankali. Mich selbst zur Ehrlichkeit anstachelnd kam ich recht schnell auf die bittere Wahrheit: Ich hatte das Wasser mit *meinem Körper* verdrängt. Das meiste ist oben in diesen Abfluss gelaufen, der verhindert, dass das Wasser überläuft, wenn man dement ist oder einfach so vergisst, den Hahn zuzudrehen.

»Gut«, dachte ich, »das ist genug für heute. Es reicht.« Pyjama an – es war schließlich Wochenende – und ab aufs Sofa, einen Film fürs Herz schauen, dazu ein oder zwei Gläser Barolo und ein paar Handvoll gesalzene Nüsslein und ein wenig

Chipsfrisch ungarisch. Meine Lieblingssalzsnacks. Und Fettsnacks. Und Leere-Kalorien-Snacks. Ich entschied mich für den Film *Ein Herz und eine Krone* mit Audrey Hepburn und Gregory Peck und wollte schon loslegen.

Aber dann dachte ich: »Nee, Moment mal. Es gibt zwei neue Erkenntnisse:
1. Du kommst nicht aus der Wanne und
2. Du verdrängst das Wasser. Das war doch früher nicht so. Kann es sein, dass du schlicht und ergreifend die Tatsachen verdrängst? Du stellst dich auf die Waage. Mach jetzt, sofort!«

Es war ein sehr grausamer Auftrag, will ich meinen. Kurz hoffte ich, dass die Batterien der Waage nach der langen Nichtbenutzung ausgelaufen waren, aber sie waren es nicht. Dann tat ich es. Wirklich, ich tat es.

Womit wir wieder beim Anfang dieses Abschnitts wären: Es war ein dreistelliger Kilogrammbereich. Ich behaupte jetzt mal, es war ein schon *bedenklicher* Kilogrammbereich.

Ich bin einen Meter und sechsundsechzig groß.

Ich hatte einen BMI von ›40. Das Pfeilchen bedeutet »über«.

Noch Fragen? Nee, merkste selber, ne?

Ich war völlig fertig. Aber so was von.

Manch einer mag mich für gestört halten, aber ich rechne wie meine Schwester Nora Körpergewicht gerne in Butterpäckchen um. Wir waren beide sehr froh, als wir uns gegenseitig dieses Geständnis gemacht hatten, wenigstens war man jetzt nicht mehr alleine ein kleiner Sonderling.

Um meine masochistische Ader an diesem Tag komplett zu befriedigen, rechnete ich wieder einmal. Und das Ergebnis war: schrecklich!

Nein, nein, nein. Das konnte, das durfte nicht sein.
Ich stellte mir den Butterberg vor. Die ganzen ausgepackten Päckchen Butter auf einem Haufen. Nein, nein, nein. Das konnte, das durfte nicht sein.
Doch. Es war die Wahrheit.
Ich hatte sie nur verdrängt wie das Wasser in der Wanne. Darin war ich nämlich richtig gut! Und so konnte es nicht weitergehen.
Es musste etwas passieren.

Also was tun? Ab heute würde es nicht mehr funktionieren, mir ständig neue Klamotten zu kaufen, sodass ich mich besser fühlte, so nach dem Motto: Ach, passt ja. Ja klar passt Größe 60, wenn ich vorher Größe 58 hatte. Was für ein dämlicher Selbstbetrug. Peinlich.

Ich begann, Dr. Google zu befragen. Natürlich gab es viel Müll zu lesen, aber auch Interessantes. Ich muss dazu sagen, dass ich in meinem Leben schon jede Diät, die es gibt, absolviert habe – meine gute Laune nahm ab, sonst nix. Oder es gab den blöden berühmten Jo-Jo-Effekt. Fünf Kilo runter, sechs drauf, schönen Dank auch.

Aber dann stieß ich auf Intervallfasten, darüber bin ich sehr froh, und ich habe begonnen, mich damit auseinanderzusetzen. Das Gängigste war die 16:8-Methode: acht Stunden Nahrung, 16 Stunden nix. Letzteres hört sich viel an, ist es aber gar nicht, weil man auch einige Stunden in dieser Zeit schläft.

So. Und dann dachte ich: das machste jetzt.
Du versuchst es.
Wenn du scheiterst, hast du es wenigstens versucht.
Los jetzt!

Nicht hopplahopp und holterdiepolter, sondern gemach, gemach

Jede Geschichte hat irgendwann einen Anfang. Meiner war, ich fasse zusammen: Ich war schon immer maßlos. Egal bei was. Wenn andere zwei Bällchen Eis wollten, wollte ich fünf. Wenn ich zugenommen habe, dann nicht vier Kilo, sondern vierzehn. So. Nun bin ich erneut ehrlich. So kann es nicht weitergehen. Ich möchte nämlich noch lange leben und gesund sein.

Ja. Es ist eine tragische Gewissheit wie damals der Untergang der *Titanic*: Ich bin ein Fettsack und wiege dreistellig. Ja, dreistellig. Hallo! Das geht nicht. Ich möchte etwas dagegen tun. So lange habe ich mir selbst was vorgemacht: Ich bin ja nicht die Einzige mit Übergewicht, es geht ja auch um die inneren Werte. Das sagt sich alles leicht, aber wenn man in regulären Läden nicht mehr einkaufen kann, höchstens einen Schal oder eine Baseballcap (noch nicht mal ein Gürtel hat mir gepasst), um nicht wie Klein Doofi mit Plüschöhrchen aus der Boutique zu latschen, ändern sich die Ansichten. Natürlich gibt's immer Menschen, die noch mehr wiegen (selbstverständlich war ich froh darüber), aber es gab eben auch ganz viele Leute, die weniger gewogen haben (selbstverständlich war ich nicht froh darüber).

Tatsache jedenfalls war: Ich wollte etwas ändern. Aber, und das war und ist mir wichtig: Ich wollte mich weder kasteien noch grundsätzlich schlechte Laune haben; das eine zieht das andere mit sich. Ich musste einen Weg finden, um durchzuhalten.

Ich habe schon viele Wege beschritten, und jedes Mal bin ich nach einiger Zeit kläglich gescheitert. Mit diesen Wegen meine ich die verschiedenen Abnehmformen, die »ganz sicher«, »hundertprozentig« und »total leicht« oder »wie von selbst« funktionieren. Interessanterweise nur bei mir nicht. Jeder weiß natürlich, was ein Jo-Jo-Effekt ist. Da macht mir keiner was vor. Ich könnte Bücher über den Jo-Jo-Effekt schreiben. Mehrere Bände.

Nun aber: Ich kaufte ein Buch übers Intervallfasten und fing an zu lesen. Mein Ziel war, mich zu informieren, dann einfach anzufangen, aber: ohne mich zu kasteien. Weil ich wusste, dass ich sonst nicht durchhalte. Also nicht hopplahopp und holterdiepolter, sondern gemach, gemach.

Sicher war es mir lieber, schneller die Kilos loszuwerden, aber ich hatte in den letzten Jahrzehnten die Erfahrung gemacht, dass dieser Schuss nach hinten losgeht. Deswegen wollte ich es diesmal anders machen. Ich möchte – immer noch – Gutes für mich tun und ja, ich würde merken, dass es mir Spaß macht, gut zu mir zu sein.

Vor dem Start erstellte ich eine Liste, eine kluge Liste, nicht so eine, auf die ich dann nie mehr gucken würde. Ich wollte ja Erfolg haben. Erfolg würde ich allerdings nur haben, wenn ich durchhalte.

Aber: nicht kasteien. Ich will und werde nicht auf alles verzichten, was ich mag.

Meine Oma sagte mal: »Zwei Minuten im Mund, zwei Wochen auf den Hüften.« Sie sagte aber auch: »Lieber mit siebzig geplatzt als mit neunzig vertrocknet.«

Es musste doch einen Mittelweg geben.

Man muss auch mal Wein sagen können, nicht immer nur nein.

Genau das wollte ich herausfinden. Das war der erste Punkt in meinem Leben, den ich anging.

Meine Liste:

- **Nicht immer sofort was in den Mund schieben, wenn man Appetit hat.** Während ich das hier schreibe, kriege ich *schon wieder* Appetit. Nur knurrt mein Magen überhaupt nicht, kein bisschen, ich bin einfach nur fressdoof. Und das wollte und will ich nicht mehr sein. Deswegen:
- **Appetit und Hunger unterscheiden lernen.** Das kann doch nicht so schwer sein. Ich muss doch mal aus diesem verdammten Kreislauf rauskommen. Ich sollte in mich reinhören. Dauernd. Habe ich Hunger oder Appetit? Hallo? Habe ich Hunger oder Appetit? Meistens ist es der Heißhunger, also der Appetit. Wenn ich mir das klarmache und danach handle, also nichts esse, ist schon mal viel gewonnen.
- **Langsam essen.** Ja, das hilft wirklich. Jeden Bissen 30-mal kauen. Langsam kauen. Meine Freundin Miri schwört darauf, und deswegen hat sie auch nur einen Körperfettanteil von zwei Prozent, das muss man sich mal auf der Zunge zergehen lassen.
- **Niemandem etwas von dem Vorhaben erzählen,** denn Neider, auch dünne, gibt's überall. Miri ausgenommen, der erzähl ich alles.
- **Ab 15 Uhr keine Kohlenhydrate mehr!** Ja, das ist einfach so. Ich bin ein Kohlenhydratemensch. Bei mir schlagen die Kohlenhydrate an wie sonst nichts. Wenn ich nur an einer Bäckerei vorbeigehe, lege ich an Gewicht zu. Leider gilt das nicht nur für Weizenkohlenhydrate, sondern für alle. Alle, alle, alle. Wenn ich also ab 15 Uhr keine mehr zu mir nehme, habe ich abnehmtechnisch gute Karten. Jetzt muss ich mich nur noch daran halten.
- **Gemüse!** Es kann in Olivenöl angebraten werden und auch gut gewürzt sein, es soll ja schmecken. Ich bin froh, dass ich

Gemüse liebe. Warum hab eigentlich so wenig davon gegessen? Her mit Rosenkohl, Wirsing, Weißkohl, her mit Kohlrabi, Rotkohl, Kohl, Kohl, Kohl. Ich liebe es! Auch sonst bin ich kein Gemüseverächter. Bis auf Fenchel mag ich alles. Natürlich am liebsten in Butter angebraten und mit einer feinen Sahnesoße, aber damit ist jetzt erst mal Schluss.

Obst! Auch wenn es heißt, dass man auch bei Obst vorsichtig sein soll, wegen Zucker und weil Obst auch Kalorien hat, ja, ja, von mir aus: Ich werde Obst essen, so viel ich will. Denn ich muss meinen ausgeleierten Magen ja vollkriegen. Erst mal noch. Ich will nicht rückfällig werden. Ich werde viel Obst essen. Äpfel, Mango, Aprikosen, Himbeeren. Beerenmischungen gibt's übrigens auch im Tiefkühler, die kann man mit dem Pürierstab eiscrushen, dazu Buttermilch, Banane, Zitrone und ein bisschen Süßstoff. Und man kann man sich einen schönen Obstteller mit ein bisschen Porridge (Haferflocken NUR mit Wasser aufkochen) zubereiten, darüber einen Becher Skyr, Sonnenblumenkerne und Sesam und ein klein bisschen Agavendicksaft oder Süßstoff, und schon hat man ein superleckeres Frühstück. Eins, das auch wirklich schmeckt. Und dann:

Zuckerfreier Kaugummi für zwischendurch, Geschmacksrichtung Zitrone. Achtung: Manche Kaugummis haben einen ganzen Batzen Kalorien. Muss ja nicht sein.

Ich drucke das schlimmste Foto von mir aus: Ich walze in einem unvorteilhaften Kleid schwitzend und mit strähnigem Haar über einen Steg und sehe aus wie ein Michelin-Männchen auf Crystal Meth. **Dieses schlimmste Foto von mir befestige ich mit einem Magneten an der Kühlschranktür.** Fazit:

Ich werde durchhalten.

Sollte der wahrscheinliche Fall eintreten, dass ich mal schwach werde, ist an Aufhören selbstredend nicht zu denken. Ich will so nicht weiterleben. Es wird aber nur funktionieren, wenn ich diesen goldenen Mittelweg finde. Ich werde ihn finden.

Also los. 16:8. Ich wiederhole: Man darf im Zeitraum von acht Stunden essen. Das hört sich erst mal herrlich an, hat aber selbstverständlich einen Haken. Denn natürlich sollte man nicht acht Stunden lang alles in sich reinschaufeln, was reingeht, also Binge-Eating betreiben. Es heißt, dass man im Idealfall in diesem Zeitraum zwei Mahlzeiten zu sich nimmt. Von mir aus auch drei. Wenn diese Mahlzeiten dann auch noch gesund sind, und ich spreche hier nicht von rohem Kohlrabi oder einer Möhre, es soll ja schmecken, tut man seinem Körper was Gutes, denn der Blutzuckerspiegel bleibt konstant niedrig, was eine Heißhungerattacke auf die längste Praline der Welt oder ein Kilo Salzkaramell sowie den übermächtigen Drang verhindert, jetzt auf der Stelle eine oder auch gern drei Packungen Chips oder Erdnussflips zu vertilgen.
Ich hab es nicht geglaubt. Aber es funktioniert. Es ist kein Hexenwerk.

Bei mir funktioniert auch noch Folgendes gut, und das werde ich immer wieder erwähnen, weil ich glaube, dass es auch bei anderen funktioniert: **Ich nehme ab 15 Uhr keine Kohlenhydrate mehr zu mir.**
Glaubt mir alle, es ist so: Kohlenhydrate sind nicht zu unterschätzen. Zum Mitschreiben: Über Kohlenhydrate kann man mir erzählen, was man will, zum Beispiel dass es egal ist,

was man wann isst, Hauptsache das Kaloriendefizit stimmt, aber bei mir funktioniert es, wenn ich ab dem frühen Nachmittag keine mehr esse. Punktum. Ja. Es ist eine Umstellung. Und nein, das kann ich gleich vorwegsagen, ich habe mich nicht immer daran gehalten. Aber größtenteils. Es ist immer wieder ein Kampf.

Es war nur so, dass ich den Fehler, den ich früher gemacht habe, nun nicht mehr machte: nämlich den Plan sofort verwerfen, wenn ich einmal schwach geworden bin.

Beispiel: So habe ich mal Low Carb gelebt, also überhaupt keine Kohlenhydrate in meinem Fall, und auf einmal hatte ich einen solchen Janker auf Pommes und Burger, dass ich wie eine wild gewordene Hummel zum nächsten Drive-in gefahren bin, um mich fastfoodmäßig so einzudecken, dass eine Großfamilie noch tagelang zu knabbern gehabt hätte. Die Folge vom raschen, gierigen Verzehr dieses Essenersatzes waren entsetzliche Magenschmerzen, die Ewigkeiten dauerten. Ich nehme an, wegen der ungewohnten Kohlenhydrate, die dazu auch noch »leere« sind, also gar keinen Nährwert haben. Aber was erzähle ich. Viele wissen das genauso gut wie ich.

Nun also Intervallfasten. Ich habe wirklich alle Abnehmformen durch und eigentlich will ich nur noch heulen, weil ich so fett bin, deswegen habe ich am Folgetag einfach angefangen. Ich dachte, wenn das jetzt nicht klappt, dann war's das. Dann finde ich mich damit ab, der Elefant im Porzellanladen zu sein. Dann gehe ich nicht, dann walze ich weiter vor mich hin. Und Klamotten? Es gibt schließlich Zelte. Ich werde dann irgendwann mit dem Sofa eins sein. Von einem solchen Menschen habe ich mal gelesen, er ist überhaupt nicht mehr aufgestanden von seiner Couch, und irgendwann haben sich die Fasern vom Sofa mit seiner Haut vermischt und alles ist zusammengewachsen, ein Albtraum natürlich. Will man so enden? Dieser Mensch tat mir so leid. Ich will nicht wie dieser Mensch sein. Ich will nicht eins mit meinem Sofa werden. Jedenfalls nicht in dieser Kombination.

Ich weiß noch genau, wie ich mich am ersten Tag dieser neuen Ernährungsform fühlte: aufgeregt. Wie vor einem Date oder so. Dabei ging es einfach nur darum, um acht Uhr morgens eine Schüssel mit Obst, Skyr und vielen Körnern und Haferflocken zu essen, dazu eine Scheibe Dinkelbrot ohne Butter, ja, *ohne* Butter, und ein weich gekochtes Ei. Ich zelebrierte das ähnlich wie Kaiserin Sisi ihre Haarpflege. Dann trank ich Kaffee, dann Tee, dann Wasser. Ich liebe mich dafür, dass ich gern und viel Wasser trinke. Quasi schütte ich Wasser in mich rein, als würde ich es bezahlt bekommen. Es muss aber sprudeln. Das hilft. Stilles Wasser ist für die Füße. Für mich jedenfalls.

Ja, ich hatte Hunger. Soll heißen: Ja, mein Magen hat geknurrt. Hallo Oma! Aber nicht schlimm. Innerhalb dieser acht Stunden aß ich gegen Mittag zwei Äpfel, und um kurz vor 16 Uhr dann ein Hähnchenbrustfilet mit wahnsinnig viel Gemüse, aber eben ohne Kartoffeln, Reis oder Nudeln.

Während ich also nun täglich Obst esse und sehr viel Gemüse, kommt tatsächlich kaum ein Hungergefühl auf. Das verwirrt mich einerseits, andererseits bin ich irre froh. Vielleicht kapiert mein Körper ja, dass er mir helfen muss. Netter Zug von ihm.

Und weil mein Körper so gnädig ist, zeigt er mir gleich, dass er gut findet, was ich da mache: Schon nach drei Tagen sind zwei Kilo runter und ich bilde mir ein, dass ich das schon spüre, obwohl es wahrscheinlich nur Wasser ist.

Die Lust auf Süßigkeiten zwischendurch ist da, aber ich habe einen Trick: Ich halte fünf bis zehn Minuten, ohne dem Verlangen nachzugeben, durch, und dann ist der Appetit drauf wieder weg. Meistens jedenfalls, und wenn nicht: dasselbe Spiel von vorn. Immer wieder. Klappt.

Ich erzähle nur meinem Mann, was ich gerade mache, weil ich blöde Sprüche vermeiden will. Anstatt sich wahnsinnig für mich zu freuen, bekommt er Angst und stellt Fragen, deren Antworten für ihn lebenswichtig sind:

»Gibt's jetzt nie wieder Bratwurst?«

»Was ist denn mit Pistazienkernen, geröstet und gesalzen? Die essen wir doch abends so gern.«

»Wirst du nun zu einem Abnehmguru, der ununterbrochen doziert, so wie viele Veganer?«

»Wirst du im Schlaf Kalorien statt Schäfchen zählen?«

»Wirst du mir meinen Wein und die Butter verbieten?«

Nein, all das wird ganz sicher nicht geschehen, das habe ich mir fest vorgenommen. Ich werde eine gnädige Abnehmerin, die zwar mit einer gewissen Herablassung auf den Buttersee blicken wird, aber ansonsten nichts sagt. Vielleicht reiße ich ihm den Teller weg und verschlinge denselben mit dem Buttersee, wer weiß das schon.

Ich fühle mich mit dem Intervallfasten erstaunlich gut in dieser ersten Zeit, auch weil ich so wundervoll belohnt werde, denn am Anfang nimmt man ja erst mal so richtig ab, bis es dann ans Eingemachte geht. Ich weiß, dass es schwerer werden wird mit der Zeit, aber ich werde versuchen durchzuhalten!

Aber, und dieses Aber ist mir wichtig: Ich habe nie übertrieben. Ich wiege immer noch zu viel, aber ich esse zwischendurch auch mal, so wie heute Mittag, eine Pizza. Halt keine mit Salami und fett Käse, sondern eine mit Gemüse und Thunfisch, den Käse lass ich weg, ist eben so. Und das ist auch gar nicht schlimm. Pizza kann man übrigens babykäseleicht selber machen, und zwar mit Dinkelteig und Sauerteig. Schmeckt Bombe. Pürierte Tomaten mit Oregano und Zwiebeln drauf, Belag, fertig. Man muss nur ein wenig umdenken. Man denkt sowieso die ganze Zeit an das Thema, dann kann man auch danach handeln.

Außerdem, und das rate ich jedem, gibt's das Foto am Kühlschrank, und das bleibt da auch hängen. Gott, dieses Foto!

Was aber nicht heißt, dass ich nicht mal den Kühlschrank öffne, um Eiskonfekt rauszuholen. Das mach ich auch. Ja, ich mache es. Halt nicht mehr so oft wie früher. Sollte man andere Bissen 30-mal kauen, rate ich hier zum »im Mund zergehen lassen«. Das ist herrlich und man hat viel mehr davon. Außerdem ist es schön, zu merken, dass man Geschmacksnerven hat, das ist jetzt kein Scherz.

Was soll ich sagen? Es ging voran. Und schon am ersten Tag habe ich mal Fünfe gerade sein lassen, denn ich tat etwas, was mir nun viele Ernährungsgurus übel nehmen werden, und ich höre Stimmen, die mir böse sagen, nein, sie schreien empört auf, dass »man das nicht macht«. Was also war passiert? Ganz einfach: Ich böser Mensch habe außerhalb der acht Stunden einen Gin Tonic mit Tonic Zero und zwei kleine Gläser Rotwein getrunken. Ich hab das zelebriert, ich fand es toll, diesen leichten Glimmer zu haben.

Ja, ich weiß. Ich weiß. ICH WEISS!
Ja, es ist mir klar. Ich hab das jetzt verstanden.

Aber: So machte und mache ich es jeden Tag, weil ich nicht den Fehler begehen will, mich so zu kasteien, denn ich kenne mich: Dann halte ich nicht durch. Ein gutes Getränk ist für mich Lebensqualität. Andere Menschen finden, dass das auch mit Pfefferminztee oder heißem Ingwerwasser geht, ich gehöre nicht dazu. Das Wort Genussmensch klingt altbacken, aber trifft auf mich zu.

Ich bin eben willig UND chillig. Es ist einfach so. Ich bin motiviert, auch weil ich mir abends einen anschickern kann. Ist es jetzt ein Fehler, das offen zuzugeben, oder ist es sogar recht sympathisch, weil es vielen Leuten so geht? Ich weiß es nicht.

Ich weiß, dass Alkohol ein Nervengift ist, ich weiß, dass zu viel Alkohol schädlich ist. Aber zu viel Zucker, zu viel Fett und so weiter sind es auch. Von den Zigaretten mal ganz abgesehen, und von denen habe ich mich vor 14 Jahren für immer verabschiedet. Davon mal ganz abgesehen trinke ich ja keine Flasche Wodka, obwohl das manchmal schon nötig wäre.

Das Abnehmen funktioniert auch *mit* Alkohol, es ist wahr. Das Gefühl, wenn man abends sein Glas Wein zu sich nimmt, suggeriert einem, dass alles »normal« ist. Dass man sich nicht kasteit, dass das Leben schön weitergeht. Mir gelingt das einfach nicht mit einem Glas Wasser. Es tut mir leid. Wenn es anders wäre, würde ich das auch machen. Und auch schreiben. Ich will einfach nur ehrlich sein.

Ich versuche, für mich selbst einen Mittelweg zu finden, größtenteils gelingt es mir. Denn ich kenne mich: Ich kann schlecht Nein sagen, aber manchmal muss man eben Wein sagen. Und ich sage Wein. Und erinnere mich bei einem Glas daran, was ich schon alles abnehmtechnisch erlebt habe:

Wer in meinem Alter erinnert sich nicht an die Hollywood-Star-Diät, bei der man ein paar Cashewnüsse, ein Steak ohne alles und frische Ananas »genießen« durfte? Das Einzige, was diese Wundertütendiät mir brachte, waren aufgesprungene Lippen von der blöden Ananas, und dann hab ich wirklich abgenommen, weil ich aussah wie eine fleischfressende Pflanze auf halb acht und nur noch Flüssignahrung durch einen Strohhalm zu mir nehmen konnte. Irgendwann jedoch war mein Mund verheilt und – richtig! – ich habe wieder zugenommen!

Dann – natürlich – Weight Watchers. Oh Himmel. Eine ehemalige Dicke dozierte, ich war supermotiviert, weil – ich weiß, das ist böse – ganz viele Frauen in der Gruppe noch dicker waren als ich, das hat mir gefallen. Aber auch Weight Watchers hat den Effekt, dass man sofort zunimmt, wenn man aufhört, nach dem Plan zu essen, es sei denn, man diszipliniert sich wie bei den Fremdenlegionären oder bekommt jedes Mal, wenn man sein Kalorienpensum übersteigt, einen elektrischen Schlag von einem eingepflanzten Implantat. Aber das wäre wohl zu viel des Guten und ich mittlerweile wahrscheinlich über die Wupper gegangen, weil mein Herz die vielen elektrischen Schläge nicht verkraftet hat. Um das jetzt mal abzukürzen: Weight Watchers hatte einen Jo-Jo-Effekt. Ich habe wieder zugenommen. Zum Kotzen war das.

Ach, es ist einfach so traurig, denn Folgendes passiert, wenn man übergewichtig ist:
- Klamotten sind einem egal, man liest keinen Modeteil mehr, es passt einem ja eh nix.

- Man kauft nicht im Laden, sondern bestellt alles online, weil man nicht will, dass andere einen sehen, wenn man in einem viel zu kleinen Pulli, den man als Handschuh tragen könnte, aus der Umkleide kommt.
- Man hat im Restaurant Angst, dass die Stühle zu eng an einander stehende Lehnen haben und man nicht durchpasst und/oder steckenbleibt.
- Ich habe im Edeka in der Fleischabteilung mal am selben Tag dreimal angestanden, weil es mir peinlich war, zwei Kilo Hack, ein Kilo Schnitzel und Bratwürste für einen Grillabend in einer einzigen Bestellung zu ordern. Die dünnen anderen Kundinnen hätten mit Sicherheit gedacht: Die fette Kuh kauft vierzig Bratwürste, kein Wunder, dass sie so aussieht ... Und wahrscheinlich isst sie das Hackfleisch roh!
- Man isoliert sich automatisch, weil man keine Kommentare hören will. Ich habe zum Beispiel das 20-jährige Jubiläum meines ehemaligen Radiosenders fast abgesagt, weil ich so fett war – und tatsächlich kamen auch blöde Sprüche. »Ich setz mich mal zu den beiden Dicken«, sagte ein Kollege zu einem ebenfalls übergewichtigen Kollegen und mir.
- Nach einer Darmspiegelung war ich mit meinem Mann zum Arztgespräch. Der junge, schlanke Arzt sagte wortwörtlich zu mir: »Es war ziemlich schwer, durchzukommen. Das liegt an Ihrer Adipositas.« Ich bin fast in den Erdboden versunken. Aus Scham und weil mein Mann dabei war.
- Was einen noch zum Abnehmen treibt: Wiegen beim Arzt. Es ist IMMER mehr als zu Hause – immer! Keine Ahnung, wie die das machen da, aber die Waagen in Arztpraxen sind eine Zumutung! Wenn das eine mechanische ist: allein das Geräusch, wenn der Zeiger lossaust nach oben. Grauenhaft.

- Im Flugzeug sitzen und die Angst, dass der Gurt nicht lang genug ist. Es ist so schrecklich, ich habe das mal mitbekommen. Ein sehr beleibter Mann konnte machen, was er wollte, er bekam den Gurt nicht länger. Irgendwann hielt er eine vorbeilaufende Flugbegleiterin fest. »Ich bräuchte eine Verlängerung«, wisperte er und sah sie bittend aus Labrador-Augen an. Was macht die Uschi? Dreht sich um und brüllt durch den ganzen Flieger: »Tina, haben wir noch Gurtverlängerungen? Ich brauch hier mal eine«, und deutet auf den Mann. Niemand sagte was, aber alle dachten dasselbe. Ich befürchtete kurz, dass der Mann anfangen würde zu weinen, das hätte mir den Rest gegeben, aber er hatte sich gut im Griff.
- Baden mit anderen (Dünnen!) im Urlaub – entsetzlich! Natürlich vermeidet man das, wo man kann! Und hat am Strand immer Tücher oder wallende Strandkleider um sich geschlungen
- Kein Fahrstuhl? Scheiße! Drei Stockwerke zu Fuß und danach sieht man aus wie Reinhold Messner auf dem K8. Nein. Schlimmer.

Ach, es ist tragisch. Aber da musste und muss ich durch. Ich darf an dieser Stelle einfach mal betonen, dass ich wirklich keine Modelmaße anstrebe. Ich will einfach eine normale Figur haben, und ich möchte nicht auf alles verzichten. Denn Wein sagen und so.

Und nein, es wird hier nicht ewig mit dem Gewicht weitergehen, wir haben schließlich noch andere Themen.

Aber noch sind wir dabei: Ich stelle mir oft die Frage, was anders wird, wenn ich schlanker bin. Oh, da gibt's sehr viel. Beispielsweise Klamotten von Brax oder Gerry Weber! Keine

Übergröße. Tolle Chinos! Eine Levi's 501. Und dann, verwegen: das T-Shirt in die Hose stecken!
Ein Hermès-Gürtel zur Belohnung! Ich spare schon darauf!
Ein Paillettenkleid, kurze Röcke und Stiefel, die über die Waden passen.
Keine Orangenhaut mehr, die sich durch die Hosen abdrückt.
Man lässt sich wieder gern fotografieren – ach, die Liste ist lang! Ich könnte sie ewig fortführen.

Dann habe ich was gemacht, was ich schon ewig machen wollte: nämlich dünne Frauen, die mal dick waren, gefragt, ob wirklich »alles einfacher ist«, wenn man schlank ist.
Folgende Antworten kamen:
- Ja.
- Ja.
- Ja.

Ach, und warum?
Erstens, sagte eine Nachbarin, die auch mal ein Mops war, ist man viel beweglicher, kommt nicht so schnell außer Puste und man hat bessere Laune. Deswegen. Dann, auch ganz wichtig, man hat mehr Lust auf Dinge, auf die man als Mops keine Lust hat. Sich bewegen zum Beispiel, und man hat auch Lust auf Treffen mit Freundinnen. Zeigt sich gern.

Das konnte eine Bekannte nur bestätigen. »Ich hatte immer andere Ausreden parat, war am liebsten alleine zu Hause und hab mich vollgestopft damals. Es war ein schrecklicher Kreislauf.«

Alle drei erzählten ungefähr dasselbe, und das hatte ich mir schon gedacht. Ich merke ja selbst gerade, dass es viel einfacher ist, zum Beispiel mit den sozialen Kontakten, wenn man weniger Gewicht hat. Man mag sich selbst mehr, deswegen.

Und – seien wir mal ehrlich – man hat auch Angst vor blöden Sprüchen.

Das ist so was, was alle drei Befragten auch bestätigt haben: die Befürchtung, blöd angequatscht zu werden oder angeschaut. Das ist sehr demütigend.

Hätten wir das auch geklärt.

Aber, das hat mich jetzt noch interessiert: »Wie schafft ihr es, euer Gewicht zu halten?« Befragte Nummer 1: »Ich esse einmal pro Woche gar nichts, trinke nur morgens Kaffee, ansonsten literweise Wasser und Tee. So einfach ist das.«

Befragte Nummer 2: »Ich achte darauf, dass ich ab dem Mittag weniger esse und so ab 17 Uhr gar nichts mehr. Und ja, ich zähle, überschlage die Kalorien. Es funktioniert.«

Befragte Nummer 3: »Bewegung. Ich gehe jeden Tag laufen und mache dreimal pro Woche Krafttraining. Und ich verzichte größtenteils auf Süßigkeiten. Ich habe leider das Pech, dass ich bei der kleinsten Kleinigkeit, bei der kleinsten Halbsünde ein Pfund mehr draufhabe. Ärgerlich, aber wahr. Weil ich es weiß, kann ich aber damit leben.«

Schade, keine hat gesagt: »Ach, das pendelt sich von selbst ein. Einmal schlank, immer schlank.«

Kate Moss sagt: »Nichts schmeckt so gut, wie dünn zu sein.« Richtig?

»Dünn nicht«, sagten alle drei. »Aber schlank oder wenigstens halbwegs schlank.«

Die Frage, die mich auch interessiert, wird beantwortet, ohne dass ich sie überhaupt stelle.

Es stimmt: »Niemand ist gern dick.«

Gut möglich, dass es Menschen gibt, die das anders sehen. Ich kenne keinen einzigen.

Fassen wir zusammen: Es ist nicht einfach und wird wahrscheinlich auch nie einfach. Was mich aber auch interessiert hat: Was esst ihr Dünnen denn nun wirklich, um dünn zu bleiben?

Die Antworten sind erschreckend nüchtern und kalorienarm.

Pia, 31: »Morgens rohes Gemüse mit Hüttenkäse, dann später ein bisschen Huhn mit Gemüse.«

Und dann? Pia starrt mich an: »Wie, und dann? Das war's.«

Ich weiß nicht, ob ich so leben kann.

Ines, 50: »Ich zähle täglich Kalorien. Dann gibt's einen Tag, da esse ich gar nicht. Da trinke ich nur Crémant. Crémant und Champagner gehen nicht so aufs Gewicht wie Wein oder Bier.«

Ach. Das muss ich mir merken. Wegen Wein sagen.

Und Lars, 27, ein durchtrainierter Marathonläufer mit einem wahrscheinlich nicht messbaren Körperfettanteil? Er sagt, er habe einen Personal Trainer und der habe ihm einen strikten Ernährungsplan erstellt, an den hält er sich.

Ausnahmen? »NEIN!«

Gar nicht? »NEIIIN!«

Auch nicht, wenn ... »GRRRR! NEIN!«

Aha.

Es ist also wirklich kein Hexenwerk, sondern schlicht und ergreifend Disziplin, Ehrgeiz und Durchhaltevermögen.

Was ich allerdings merkwürdig fand: Glücklich sahen die irgendwie alle nicht aus.

Deswegen fragte ich abschließend noch mal nach.

Pia: »Glücklich? Eher fühle ich mich abends, als hätte ich gut gearbeitet, also so, als hätte ich einige gute Strategien für meine Firma entwickelt.«

Ines: »Glücklich? Immer dann, wenn ich auf der Waage stehe und alles gleich geblieben ist. Für diesen Moment bin ich glücklich.«

Lars: »Darüber mache ich mir keine Gedanken. Ich mache lieber Krafttraining.«

Machen wir uns also nichts vor: Einfach geht anders.

Ach, warum eigentlich? Warum kann es nicht einfach schwer sein, zuzunehmen? Ja, ich weiß, von heute auf morgen wird man auch kein Mops, aber der Weg dahin macht mehr Spaß als der andere.

Aber ich habe es mir nun mal vorgenommen und ich ziehe es jetzt durch. Man möge mich nur bitte mit diesen Sätzen/Vorschlägen hier verschonen:
- Man darf sich ein Stück Zartbitterschokolade »gönnen«.
- Man soll einen Apfel »genießen«.
- Man darf ein Gramm Keks in seinen Essensplan »einbauen«.

Was ich vorher schon weiß, wenn ich diesen Plan jetzt starte: Ich werde ununterbrochen ans Abnehmen und das nächste Kilo-Ziel denken und das ist auch okay so, denn je mehr ich es mir verbiete, desto öfter muss ich daran denken – also denke ich einfach daran und denke nicht weiter darüber nach, dass ich nicht darüber nachdenken sollte. Außerdem bin ich ein Scheitern-Typ und habe keine Geduld. Irgendwann kommt der Punkt, da hab ich keine Lust mehr, das weiß ich jetzt schon, aber es muss sein, dass ich abnehme, weil ich sonst irgendwann so fett bin, dass ich sterben werde an dieser verdammten Fettsucht, deswegen ZIEH ich das jetzt durch!

Oh ja!

Eine wichtige Frage: Was sagt denn mein Hausarzt zu meinen Plänen?

Was soll der sagen? Er ist froh, dass er mich noch ein bisschen länger als Patientin hat, denn wenn ich so weitergefressen hätte, wäre ich irgendwann nicht mehr vom Sofa hochgekommen, weil ich dort festgewachsen bin. Dann wäre ich irgendwann gestorben, auch weil ich nichts mehr zu essen holen könnte und auch niemanden rufen, weil wahrscheinlich auch meine Stimmbänder verfettet wären.

Um es auf den Punkt zu bringen, mein Hausarzt, auch Internist, der findet das prima! Er ist übrigens 1,85 groß, wiegt gedachte vierzig Kilo und ernährt sich von Marabou-Schokolade. Die Tafeln in unterschiedlichen Geschmacksrichtungen liegen neben einem Flyer, auf dem vor zu viel Zucker gewarnt wird. Manchmal denke ich, er holt die Schokolade nur raus, wenn ich einen Termin habe, aber seine Praxisdamen haben mir bestätigt, dass er IMMER Marabou-Schokolade isst. Immer. Natürlich treibt er keinen Sport und ist auch sonst ein guter Esser. Wenn die Patientinnen und Patienten in der Weihnachtszeit Gebäck vorbeibringen, isst er alles auf, also inhaliert das, und nimmt dabei auch noch ab, weil die Vorweihnachtszeit immer »recht stressig« ist.

Manchmal möchte man die Menschen einfach nur schütteln.

Und noch was: Zu einer Ernährungsberatung werde ich auch nicht noch mal gehen. Bis auf meine zauberhafte Nachbarin Anni sind das dünne, ausgemergelte Menschen, die »es gar nicht verstehen können«, dass man so viel Lust auf Süßes oder Salziges hat. Die »schon immer war ich schlank« sind und essen können, was sie wollen, weil »das halt so ist«.

Sorry, da werde ich zum wilden Tier. Anni ist anders. Sie ist zwar auch schlank, weil sie schlicht weiß, was gut ist, und sie hat mich motiviert und mir versprochen, für mich da zu sein. Dafür backe ich ihrer Familie gesundes Dinkelbrot. Ja, ich backe wenigstens gesund. Ach, ach, es wird schon werden!

In vino veritas und andere leckere Sachen

Noch mal zum Alkohol, denn mit ihm ist es so eine Sache. Es gibt Menschen, die trinken überhaupt keinen Alkohol, aus Gesundheitsgründen oder, und die beneide ich, weil er ihnen schlicht nicht schmeckt. Und natürlich ist Alkohol schädlich, ein Nervengift. Ja, ja, ich weiß, ich wiederhole mich, ich will nur sichergehen, dass man versteht, was ich meine. Es ist natürlich gesünder, überhaupt nix zu trinken, das weiß ich wohl. Dazu kommt, dass Alkohol, ja, es ist gemein, die Fettverbrennung versucht zu verhindern, was im Klartext heißt, dass man langsamer abnimmt. Ich weiß das alles.

Aber ich weiß auch, dass ich scheitere, wenn ich mich zu sehr kasteie.

Das will ich nicht!

Aber: Mir schmeckt Alkohol. Im Sommer auf unserem Boot sein ohne Gin Tonic und Weißwein – grusel! Auf dem Balkon in der Abendsonne sitzen oder Mädelsabend mit stillem Wasser – oh je! Die würden übrigens alle nicht mitmachen. Ich suche mir meine Freundinnen schon gut aus. Ok, Karina ist die Ausnahme, aber wir mögen uns trotzdem. Was also tun? Den Alkohol verteufeln, ja, das sollte man, das liest man ja überall. Böses Gift, macht abhängig. *Herrgott, ja, ich weiß!*

Ich gehe mal in mich – in welchen Situationen trinke ich Alkohol?
A) Schon morgens vor dem Frühstück, also direkt nach dem Aufwachen
B) Abends in netter Gesellschaft
Antwort B ist richtig.

Habe ich das Gefühl, ohne Alkohol mein Leben nicht mehr zu wuppen?
A) Dläcjeämjmmgrumpf
B) Nein
Antwort B ist richtig.

Wie fühle ich mich am nächsten Morgen, wenn ich am Abend zuvor Alkohol getrunken habe?
A) Sehr gut, denn ich habe nicht übertrieben.
B) Ich fühle mich supergut, weil ich einfach weitertrinke.
Na, welche Antwort ist richtig?

Ich werde hier keine Lanze für den Alkohol brechen. Ich weiß Bescheid, was er mit einem machen kann. Ich *möchte* aber nicht drauf verzichten. Natürlich hat Alkohol Zucker und Kalorien und natürlich ist er nicht gesund. Bestimmt wäre es richtig, es den Leuten ganz zu verbieten? Aber was ist dann mit dem ganzen anderen Kram, der dick und abhängig macht? Gehen wir doch mal durch den Supermarkt und gucken genau hin: Da ist nicht die Obst- und Gemüseecke der Teil, in dem am meisten liegt, nee, gehen wir mal weiter zu Knabber- und Süßzeug bitte, und dann zum Alkohol. Komisch.

Ich habe meinen Frieden damit gemacht, und was war der goldene Mittelweg? Willig UND chillig. Teilzeitoptimierung. Also jeden Tag ein bisschen, dieser leichte Glimmer ist – ich wiederhole mich – herrlich. Und: langsam trinken, den Weißwein mit vielen Eiswürfeln. Ja, es ist immer noch Alkohol, aber auf alles verzichten kann ich nun mal nicht. Ich verspreche, ich schreib es jetzt nicht noch mal. Oder nur noch einmal. Zum Beispiel koche ich gern, wenn ein Glas mit Wein neben mir steht. Ich habe das im Blick und das sollte jeder haben. Es geht! Und ja, ich habe trotzdem abgenommen.

Natürlich könnte ich es versuchen wie damals, 2011, mit dem Rauchen. Von einem Tag auf den anderen habe ich aufgehört. Klar könnte ich auch komplett auf Alkohol verzichten, ich will aber nicht. Ich finde es schön, abends was zu trinken. Und ich zähle die Alkoholkalorien einfach mit. Ehrlich gesagt: manchmal auch nicht. Aber es geht dennoch. Ja, es funktioniert.

Denn: Man muss auch mal Wein sagen können. Der Satz passt hier einfach.

Ich will keine verhärmte Möhrenfrau werden, die knochig und mit sehnigen Armen das Gesundsein zelebriert. Werde ich auch nie sein.

Die Frage, die ich mir immer wieder stelle, ist: Wie will ich werden, und das ist nicht nur meine Figur betreffend die Frage. Es geht um das ganze Leben in diesem Buch, aber dazu kommen wir noch. Wir haben gerade erst angefangen.

Ich weiß jedenfalls, wie ich nicht werden will: schlecht gelaunt, missgünstig, blond gesträhnte XXS-Zicke gepaart mit A-Zicke (Körbchengröße). Ich will auch keine aggressive Veganerin werden, die ewig am Hungern ist. Ich will nicht keine Freude am Leben haben. Und ich werde sicher nicht orgasmieren, wenn mir eine Hose in Größe 34 passt (wobei ... ☺)

Ich will nicht den Sinn des Lebens darin sehen, dass ich alles immer im Griff habe, und ich möchte nie nur Nein sagen, sondern auch mal Ja, sonst hat man irgendwann niemanden mehr. Das heißt aber nicht, dass ich nur Ja sagen soll, dazu später mehr.

Ich weiß allerdings auch, wie ich nicht bleiben und was ich nicht mehr will: Ich möchte keine dauergebückt Laufende bleiben, damit man das Bauchfett nicht so sieht. Ich will nicht mehr lügen müssen, um meine Selbstachtung zu schützen (»Ich nehme gerade Cortison, deswegen habe ich so zugenommen.«, »Ich habe gerade ein Kind bekommen.« Mit 58, ja, ist klar. »Ach, meine Schilddrüse spinnt.«, »Ich verstoffwechsele leider nicht so gut wie andere.«). Ich möchte auf die »Freunde« verzichten, die nur da sind, wenn sie was wollen, und weg sind, wenn sie was sollen. Ich will aufhören, mir dauernd Sachen vorzunehmen, die ich sowieso nicht durchhalte oder jemals tun werde. Zum Beispiel Stricken. Ich bin einfach zu blöd zum Stricken. Habe einmal einen Schal angefangen, rechts, links, was weiß ich. Er wurde zehn Meter lang, weil ich das mit dem Abketteln nie verstanden habe. Ich möchte nicht mehr ins Schwimmbad eines Nobel-Fitness-Centers gehen, nur weil meine Freundin dahin geht, und dann gucken alle. Ja, sie gucken. Aber das Schlimmste: In diesem Etablissement sind alle nackt herumgelaufen wie im Puff. War auch nichts für mich. Ach, ich könnte seitenweise weiterschreiben.

So, wo waren wir? Genau, das mit dem Alkohol haben wir hinreichend besprochen, was aber ist mit diesen entsetzlichen, grausamen anderen Dingen, die uns tagtäglich über den Weg laufen? Gibt es ein Geheimrezept dafür, Jägerschnitzel mit Pommes zu hassen? Gibt es kalorienfreies Spaghetti-Eis, gibt es ... nein. Und wenn doch, stimmt was nicht daran. Sahne ist nun mal nicht zu ersetzen, da schmecken wir den Unterschied.

Aber wir können mit List und Tücke an die Sache gehen, wenn wir im Restaurant sind. Wir müssen es ja nicht machen wie die Weibchen, die einen in jeglicher Hinsicht völlig in den Wahnsinn treiben: »Für mich nur eine kleine Coke Zero ohne Zitronenscheibe.«, »Ist das Paprikaschnitzel ohne Weizen?«, »Ich hätte ich gern das Putensteak, aber ohne die Nudeln, dafür mehr Erbsen, ach nein, lieber doch nicht, lieber Lauch, und ohne Soße, dafür mehr von dem Salat, aber Essig und Öl bitte extra und ein stumpfes Messer bitte, damit das Schneiden länger dauert.«, »Für mich bitte gar nichts, das ist mir alles zu mächtig. Nein, nein, lasst euch von mir nicht verunsichern. Ich will halt nicht auseinandergehen wie ein Hefekloß.«, »Ach, du nimmst ein Dessert? Mmhmm. Ja klar, musst du natürlich wissen ... mhmmmm ...«, »Also wir zahlen getrennt ... ich zahle den Fitness-Salat und eine halbe Flasche stilles Wasser und ein Viertel von der Tomatensuppe, da haben wir ja alle von gegessen, dann zahl ich noch die Extraportion Gemüse, das muss aber preislich so sein, als wären es die Kartoffeln gewesen ...«

Machen wir uns nichts vor: Überall lauern Gefahren. Überall lockt die Sünde, nicht nur auf der Reeperbahn. Vielem kann man widerstehen, aber einigem eben nicht, und das ist auch ganz richtig so. Sonst vergrätzt man sich das Leben.

Hier meine persönlichen Top Five zum Nein- und Ja-Sagen, und die kann man beliebig mit seinen Sündenfallen austauschen:

Meine Top Five zum Ja:
Erstens: »JA!« Nehmen wir mal an, wir gehen mit unserer guten Freundin in ein Café. Was macht man in einem Café, und ich meine jetzt kein simpel eingerichtetes, funktionales, das in einer Bäckerei ist, sondern eins von denen, die es in Paris und Wien gibt. Funkelnde Kronleuchter, grüngol-

dene Tapete, Servierpersonal in Spitzenschürzen, weicher Teppichboden, küss die Hand, gnä Frau! Oui, oui, Café au lait. Baiser. Oh! Soll's ein Stück mit Schlagobers sein, und dazu eine Melange, ja freilich! Baba!

Die Frage gehört eigentlich verboten, denn es sollte klar sein, dass man in einem Café *Torte* isst. Keinen öden Marmorkuchen, nein, ich rede von TORTE, einer richtigen Konditortorte. Aus Biskuitteig, mit Buttercreme, mit Zitronencreme, mit pürierten gezuckerten Himbeeren oder mit Zartbitterschokolade und Trüffel obendrauf. Eine Torte eben, bei deren Anblick man auf der Stelle das mit Jugendstilornamenten verzierte Vitrinenglas zerschmettern möchte, um sie zu packen und damit wegzurennen. Dann der erste Bissen. Köstlich. Sahne und Teig und Schokolade und was weiß ich auf der Zunge, dann das Schlucken, herrje, gibt's was Schöneres!?

Also: klares JA zur Torte!

Zweitens: »JA, wenn irgend möglich.« Nun nehmen wir an, wir gehen durch die Stadt und erblicken in einem Schaufenster DEN Mantel/DAS Kleid/DEN Hosenanzug, der einem perfekt erscheint. Dann sieht man den Preis und schluckt. Dann geht man rein in das Geschäft und denkt: Anprobieren kann ich ja mal. Tja, alles passt und sitzt perfekt. Aber der Preis. An dieser Stelle möchte ich sagen: Wenn es finanziell irgendwie geht: machen. Denn von *einem* hochwertigen Kleidungsstück hat man mehr als von einem Billig-Fummel. Meine andere Oma sagte immer: »Wer billig kauft, kauft zweimal.« An diesem Spruch ist was Wahres dran. Meine beste Freundin zum Beispiel hat eine wunderwunderschöne Jacke vom Label Missoni. Klar, schweineteuer. Aber: Sie hat diese Jacke seit ungefähr 20 Jahren, sie sieht immer noch aus wie neu und sie trägt sie immer noch liebend gern. Ich finde das richtig. Natürlich hat nun nicht jeder den finanziellen Spielraum, um drauf loszukaufen, aber wenn es wirklich *ein* Stück ist, von dem man weiß, dass man für immer Freude daran haben wird, dann sollte man es tun und dann lieber diesen Monat auf einige andere Dinge verzichten. Auch so lernt man übrigens, mit Geld umzugehen, musste ich feststellen. Und ganz ehrlich: Es kann auch Spaß machen, auf Dinge zu verzichten, wenn man dafür eine Belohnung bekommt. Ist auch ein schöner Mittelweg.

Drittens: »Ja, darum bin ich ja hier.« Wer in eine Speisewirtschaft geht, die *Zum goldenen Hirschen* oder *Ratskeller* heißt und mit gutbürgerlicher Küche wirbt, sollte sich vorher eins klar machen: Die Laune ist am Arsch, wenn man vorhat, »nur einen Beilagensalat« zu nehmen, weil man »auf seine Linie achtet.« Das ist so dämlich, denn in einer solchen Lokalität geht es ausschließlich um eins: gut und reichlich essen. Wer das aus welchen Gründen auch immer nicht möchte, sollte in eine vegane Sushibar gehen und sich da einen schönen Abend machen. Allen anderen sei gesagt: Ja. Essen. Essen. Hurra. Auf den Brotkorb mit dem hausgemachten Dip verzichten: keinesfalls. Brot nachbestellen, denn es ist so lecker, weil selbst gebacken: Ja! Vorneweg eine Gulasch- oder Krabbensuppe in Sahne und einem Schuss Cognac: mehr davon! Wir sind schließlich zum Spaß hier. Lebensfreude heißt das Motto. Merke: wenn im *Goldenen Hirschen* essen, dann richtig. Und kein schlechtes Gewissen haben, denn wir machen das ja nicht jeden Tag. Goldener Mittelweg und so.

Viertens: »Ja, unbedingt!« Gala und Bunte und sämtliche Frauenzeitschriften liest man selbstverständlich nur beim Friseur oder im Wartezimmer eines Arztes. Ich nicht. Kaufen? JA! Ich gehe sogar noch einen Schritt weiter: Abonnieren!

Nichts ist schöner, als donnerstags die beiden Zeitschriften gebracht zu bekommen und an anderen Tagen die anderen. Ein Abo rechnet sich übrigens auch: Es gibt viele schöne Prämien. Ich liebe es, in diesen Gazetten zu blättern, alles über Königin Máxima der Niederlande oder Kronprinzessin Victoria von Schweden zu erfahren. Es ist einfach schön, ein bisschen in dieser Welt unterwegs zu sein und die schönen Diademe anzuschauen. Ich finde ja, Königin Mary von Dänemark steht die Rubin-Tiara am besten. Hach. Und ein Abo ist noch mal schöner, da weiß man, dass man nie was verpasst. Ich habe auch die Zeitschrift *Meine gute Landküche* im Abo. Das ist heile Welt pur. Das brauch ich einfach!

Fünftens: »Ja zum perfekten Abend!« Noch mal zum Thema Essen, es lässt mich nicht los. Eine Bekannte hat mir gruselige Details darüber erzählt, wie sie einen »total gemütlichen Fernsehabend mit einer Serie« verbringt. »Du, also so ein Jogginganzug oder so Wohlfühlhosen sind nichts für mich, es kann ja auch spät noch jemand klingeln, dann steh ich da nicht zurechtgemacht, das geht gar nicht. Ich schaue immer in normaler Kleidung. (Normale Kleidung?!) Ich mache mir einen Rohkostteller mit Kohlrabi, Sellerie, Porree, Tomaten und ein paar Salatblättern zurecht, dazu mein stilles, abgekochtes Wasser mit dem Rosenquarz drin, das gibt mir viel, und ich muss kein schlechtes Gewissen haben. Davor mache ich nach dem Laufen noch Yoga. Manchmal trinke ich aber auch abends einen Ingwertee.«

Mit Verlaub: So was kann ich nicht fassen. Zu einem Fernsehabend gehört kein roher Kohlrabi und auch kein ungesüßter, dämlicher Ingwertee. Ein gediegener Fernsehabend, nehmen wir mal an, es ist Winter, sollte doch bitte so aussehen: Schlabberhose, ausgeleiertes Oberteil oder gleich Flanellpyjama, dicke Socken. Kerzen, überall Kerzen. Kissen, überall Kissen. Gruselig die Vorstellung, wie man an einem bitte verregneten oder verschneiten, saukalten Freitagabend in engen Jeans und BH (der darf an einem solchen Abend unter keinen Umständen getragen werden) mit einem abgekochten Wasser dasitzt und an einer Lauchstange nagt, während gerade eine neue Serie startet. Decken sind wichtig, gern aus Fleece. Dann möchte ich bitte eine Auswahl an diversen Schokoladen, an mit Creme gefüllten Keksen, Ferrero Küsschen, M&M Erdnuss und eine Schale mit gemischten kleinen Schokoriegeln wie Snickers, Mars und so weiter. Dennoch bin ich noch nicht fertig. Nun kommen wir vom Süßen zum Salzigen, und hier stehen Chipsfrisch ungarisch (andere gehen gar nicht), Blätterteig-Käsestangen, geröstete und gesalzene Macadamia-Nüsse und Salzcracker, die in Kräuterfrischkäse gestippt werden, an erster Stelle. Dazu kredenzt man sich, ja, sich, einen gut temperierten Rotwein, oder, wenn es ganz kalt ist, davor einen heißen Kakao, kuschelt sich ein und nimmt die Fernbedienung zur Hand. Sollte es klingeln, soll es klingeln. Ich hab jetzt frei.

So also sieht für mich ein perfekter Abend aus. Mir ist es – man mag mich für ein wundersames Mütterlein halten – auch am liebsten, an einem Serienabend alleine zu sein. Höchstens mit Miri kann ich mir das vorstellen. Sie weiß, wann man die Klappe halten oder was sagen kann, und wir kennen uns seit der Grundschule.

Es ist so schön. Ich liebe solche Abende. Ungesund? Ich sag nur goldener Mittelweg. Am nächsten Tag gehe ich dann einfach ein paar Kilometer walken!

Sechstens, das kommt noch zu meinen Top Five dazu: Ja, ich werde in Würde alt werden. Ich werde eine von den alten Frauen, die man als junge gern als Freundin hat. Die die jungen von ihrer Lebenserfahrung profitieren lassen (»Und dann hab ich mich für Intervallfasten entschieden«) und eine ruhige, positive Ausstrahlung haben.

Kommen wir nun zu meinen Top Five Neins:
Erstens: Ich werde niemals vegan leben können. Ich will es auch nicht. Ich bin bekennende Fleischesserin, mir schmeckt das einfach. Ich respektiere und toleriere Veganer, auch wenn sie mir manchmal auf den Keks gehen. Eine vegan lebende Freundin beginnt jeden Besuch bei mir mit den Worten »Ich bin schon wieder völlig unterzuckert, hast du was zu essen?«, und inhaliert dann alles Vegane aus unserem Kühlschrank. Am schlimmsten sind Veganer, die einem das Vegane erklären und sagen, man sei schuld daran, dass männliche Küken geschreddert und Schweine getötet werden. Das weiß ich alles. Ich finde gute Tierhaltung enorm wichtig und kaufe auch wirklich nur gutes Fleisch, aber ich bin *wirklich* kein schlechter Mensch, weil ich eben Fleisch esse und mag. Und das suggerieren einem Veganer leider sehr oft. Einer ist mal einen Schritt zurückgegangen, als ich mit »Ja« auf die bestimmte Frage geantwortet habe, so als hätte ich eine ansteckende Krankheit. Jeder sollte doch so leben, wie er möchte. Außerdem: Schon mal geguckt, was in der veganen Bärchenwurst so drin ist? Macht mal. Was den Fleischkonsum betrifft: Auch hier gilt der goldene Mittelweg. Man muss nicht täglich ein Kilo Hack zu sich nehmen. Wobei ... mein Mann sieht das anders.

Zweitens: Ich will niemals eine schlechte Freundin sein. Sondern ich möchte eine gute Freundin sein, und das meine ich ganz ernst. Eine gute Freundin zu sein ist wichtig, und ich möchte nicht zu denen gehören, die niemand als Freundin bezeichnet. Mir ist es wichtig, viel für Freundschaften zu tun und ich bin stolz darauf, eine gute Freundin zu sein. Ja. Das ist so. Manchmal möchte man sich zwar gegenseitig an die Wand klatschen, aber letztendlich hält man zusammen.

Drittens: Nein – oh, da bin ich schon am Ende mit den Neins, das klappt nicht mit den Top Five.

Aber hier noch zum Ja:
Siebtens: Das habe ich eben vergessen: Ich will nicht nur in Würde altern, ich will auch alt werden. Das ist natürlich leichter gesagt als getan, aber: Man kann schon ein bisschen was dafür tun. Auf das, was man tut, achten, nicht zu sehr übertreiben mit allem, aber dennoch immer ein Mensch bleiben, der gerne lebt, isst, trinkt und es auch sonst gern mal krachen lässt. Wirklich: Bei allem sollten wir nicht vergessen, dass wir auch leben sollten. Gern leben. Lange leben. Aber, und hier setze ich mich vielleicht auch in die Nesseln: Ich bin auch dafür, dass jeder Mensch das Recht haben sollte, zu entscheiden, ob er diese Welt verlässt oder nicht. Ich war letztens in einem Pflegeheim und habe da eine liebe alte Dame besucht, es war so erschreckend zu sehen, wie manche Menschen da vor sich hinvegetieren. Nur noch Löcher in die Luft starren. Sie können nichts mehr sehen und nicht mehr hören, sich nicht alleine aufrichten und liegen da und tun nichts. Möchte man das? Nein.

Und jetzt das Wichtigste: Ja, ich möchte glücklich sein. Auch dafür muss man etwas tun. Mit sich selbst im Reinen sein zum Beispiel, gut leben, Spaß haben, den Partner respektieren, sich selbst ehren. Einfach mal in sich gehen und sagen: Was brauche ich zum Glücklichsein? Je klarer die Antwort, desto leichter der Weg dorthin oder, bei Bedarf, der Mittelweg.

Stolz, Jubel und Selbstwahrnehmung

Mittlerweile, das darf ich sagen, sind fast dreißig Kilo weg. Dreißig.

Das ist amtlich. Das ist ein kleiner Mensch. Das sind 120 Päckchen Butter, das muss man sich mal vorstellen.

Ja. Ich bin megastolz. Sorry, dass ich so mit dem Abnehmen angebe, aber jeder, der das schon mal geschafft hat, wird mich verstehen und lobpreisen.

Es ist einfach zu herrlich!

Während die Pfunde verschwanden, merkte ich, dass ich mich veränderte. Innerlich – ich dachte öfter als sonst positiv, ich hatte neuen Schwung, ich war einfach glücklicher –, aber auch äußerlich.

So lange war ich grundsätzlich gebückt laufen, damit der Bauch nicht so auffällt. Immer war ich in einer Rechtfertigungshaltung unterwegs gewesen: »Ich bin gerade voll im Stress, deswegen nur am Essen, sonst esse ich nicht so viel.«, »Ich hab heute noch gar nichts gegessen.«, »Ich muss essen, sonst wirkt die Vitaminspritze nicht, die ich mir hab geben lassen.«

Ich hatte immer gehofft, dass mir keiner begegnet, und wenn mir jemand begegnet ist, hatte ich immer das Gefühl, der oder die guckt komisch. Wie oft hatte ich im Restaurant nur Salat gegessen, dafür zu Hause heimlich kiloweise Fast Food. Bei McDonald's war ich immer nur in den Drive-in gefahren, da mich drinnen keiner sehen sollte.

Aber jetzt! Jetzt sieht es so aus: Hoch erhobener Kopf, Schultern zurück. Ich ziehe schöne Kleider an, schminke mich auch in der Freizeit ein bisschen. Ich gehe zur Fußpflege, weil ich es einfach liebe, nicht weil ich es muss, weil ich nicht mehr an meine Füße komme. Was für eine Freude, wenn ich Leute treffe und die sagen: »Du siehst aber gut aus!« Und in der Öffentlichkeit esse ich das Richtige – das, was ich gerade möchte.

Das Leben mit weniger Gewicht ist ein besseres, da kann man mir erzählen, was man will. Niemand ist gerne dick, niemand. Ich muss gerade an eine demütigende Episode meiner Bekannten denken, die sehr, sehr dick ist. Sie hatte über Tinder ein Treffen mit einem Mann, und wie sich herausstellte, wollte er sofort Sex, was ja durchaus mal vorkommt bei Tinder. Sie hat sich darauf eingelassen, auch weil sie so froh war, dass überhaupt jemand mit ihr Sex haben wollte. Danach fragte sie, ob man noch irgendwo hingehen wolle, was trinken oder essen. Er meinte, und mir treten schon wieder die Tränen in die Augen: »Was? Du glaubst wohl nicht, dass ich mich mit dir in der Öffentlichkeit zeige.«

Bämm!

Und? Hat sie ihm den Kiefer zermalmt? Nee. Sie hat dann auch noch devot gesagt: »Ach so, ja, klar.« Er ist dann gegangen und sie hat die ganze Nacht vor lauter Demütigung geheult. Der Typ stand einfach auf Sex mit Dicken, mehr nicht. Es gibt so gemeine Menschen, die wissen gar nicht, was sie einem mit solchen Äußerungen antun.

Mein Herz gehört allen übergewichtigen Menschen, denn ich weiß genau, wie ihr euch fühlt, ich fühle mich ja auch noch so, ich bin ja auch noch ein Mops.

Ich werde noch weiter abnehmen und ich werde mich dann noch besser fühlen, ich weiß es.

Aber ich kann nur empfehlen, ein bisschen was zu ändern, das Ergebnis ist wirklich toll!

Ist das auch alles gesund?

Jetzt klammern wir McDonald's und Burger King mal aus, weil das ja nicht wirklich was mit Lebensmitteln zu tun hat.

Aber ansonsten: Ja, es gibt viele Sachen, die wir lieben und die verdammt ungesund sind. Nutella, Erdnussbutter, Chipsfrisch ungarisch, Sahnesoßen. Es ist hochgradig gemein, dass fast alles, was superlecker schmeckt, superungesund ist, und ich rede jetzt mal nicht wie ein Umweltverfechter vom Palmöl, sondern einfach von den Lebensmitteln, die uns in den Supermärkten verführen wollen und »Nimm mich, kauf mich, iss mich!« rufen.

Natürlich gibt's beneidenswerte Menschen, die essen können, was sie wollen, die irgendwas mit der Schilddrüse haben und den ganzen Tag Essen inhalieren, aber trotzdem schlank sind und so aussehen, als würden sie sich nur von Vitaminen ernähren. Die mögen sich bitte warm anziehen und mir aus dem Weg gehen.

Ich aber spreche von *uns*, den Normalen. Denen, die auch so gerne süß, fettig, salzig wollen, ohne sich zu ärgern.

Das geht natürlich nicht so einfach. Aber man kann den für sich besten Weg suchen:

Ein Brot mit Nutella (darunter natürlich Butter und ein wenig Meersalz) hat Kalorien. Ja, sicher. 100 Gramm Nutella haben 547 kcal. Echt lustig ist, dass in einer Beschreibung auf sweet24.de für Nutella steht:

»Dieses Produkt ist ein Brotaufstrich, der aus dunkelroten Haselnüssen und feinem Kakao hergestellt wird. Durch seinen außergewöhnlichen Geschmack schmeckt er auf vielen verschiedenen Brotsorten. Auch auf der Nachspeisekarte findet dieser Brotaufstrich seinen Platz. Durch seinen sehr hohen

Nährwert bietet er eine gute Portion an Eiweiß an, welches nicht nur sehr gut für die Muskeln ist.«[1]

Kreisch. Glauben die wirklich, das glaubt ein Mensch? Jeder weiß doch, dass Nutella ungesund ist und dick macht. Mann.

Wo war ich? Ach so, der beste Weg für mich: Nun schmiert man sich natürlich keine 100 Gramm aufs Brot (würden wir natürlich gern). Nehmen wir 20 Gramm, sind das ca. 110 kcal. Wenn wir die Butter mal weglassen, lassen wir auch die Kalorien von der Butter weg. Und dann nehmen wir eine Scheibe richtig gesundes Vollkorn-Körner-Brot. Und zählen die Kalorien. Danach gern noch eine Tüte Chipsfrisch ungarisch (es gehen immer noch keine anderen), da haben 100 Gramm ähnlich wie Nutella 533 kcal. Sind in einer Tüte also 150 Gramm, kann sich jeder ausrechnen, wie viel er nun zu sich genommen hat. Und dann: BEWEGUNG! Man verbrennt auch beim Spazierengehen Kalorien.

Und so kann man es immer machen. Bei mir funktioniert das Intervallfasten ja ganz hervorragend. Ich esse zwischen acht und 16 Uhr, natürlich nicht dauernd, ich erwähnte es bereits, und ab 15 Uhr keine Kohlenhydrate mehr. Auch das wird hier mehrfach erwähnt. Das kann ich nur wiederholen: Man kann mir erzählen, was man will, Kohlenhydrate machen mich dicker als Eiweiß. Das kann also auch gern mal ein Sahneschnitzel mit angebratenem Gemüse sein, aber eben ohne Reis etc.! Es funktioniert.

Das Gute ist, dass der Blutzuckerspiegel konstant unten bleibt und man keine Heißhungerattacken bekommt.

Man muss den für sich besten und auch einfachsten Weg suchen! Und wird ihn finden. Denn man bekommt auch was dafür: Gesundheit nämlich und ein längeres Leben. Sagt auch Eckart von Hirschhausen. Der trinkt abends übrigens auch gern Wein.

Es ist nun mal so, dass Menschen unterschiedlich sind. Es gibt sogar welche, denen Essen, und das ist mir unbegreiflich, nicht wichtig ist. Sie empfinden es als eine Zumutung und Belastung, etwas essen zu müssen. Ich habe eine Bekannte, die die weltbeste Lasagne macht. Und ich rede von einer Lasagne mit viel Béchamelsoße, einer selbst gemachten, versteht sich. Ich rede von viel Butter, Mengen an Mozzarella und viel Liebe, die in dieser Lasagne steckt.

Vera muss diese Lasagne zu jedem Fest mitbringen, die Menschen verzichten auf Geburtstagsgeschenke und möchten sogar etwas dafür bezahlen, wenn sie nur diese Lasagne kriegen, und das meine ich wirklich ernst. Vera selbst ist die Lasagne egal. Sie isst nie was davon. Sie empfindet Essen allgemein als eine Last. Einerseits beneidenswert, andererseits entgehen ihr so jede Menge Glücksgefühle. Und diese Lasagne löst welche aus, ich schwöre es.

Vera spricht Sätze, die mir ewig schleierhaft bleiben werden:

»Ich habe heute schon eine Scheibe Brot gegessen, das genügt.«

»Ich habe überhaupt keinen Hunger.«

»Wie blöd, ich habe Hunger, jetzt muss ich was essen, es nervt.«

Gerade den letzten werde ich nie verstehen. Auch den hier: »Was habt ihr denn alle mit der Lasagne?«

Sie hat noch nie eine Gabel davon probiert, sonst würde sie es wissen.

Aber ich schweife ab. Die Frage »Ist das auch gesund?« hört und liest man heutzutage immer wieder und natürlich ist sie auch gerechtfertigt. Denn natürlich ist nicht alles gesund. Und ja, man kann es auch mal krachen lassen, siehe Cafébesuch und Torte!

Aber: Seien wir ehrlich und aufrichtig – wir wissen alle, dass eine halbwegs gesunde Ernährung wichtig ist. Physisch und psychisch. Ich dachte auch lange, das ist halbseidener Mumpitz, aber es ist nun mal so, dass ein Apfel gut und besser für den Körper ist als ein Snickers. Und wenn man unbedingt so ein Snickers essen muss, dann sollte man das tun, und vielleicht einen Apfel hinterher. So mach ich das immer – mein willig-chilliges Ich mag halt beides. Bei einem Apfel, so wird man merken, wird man nicht das Gefühl haben, noch mehr zu wollen. Bei einem Schokoriegel schon. Da knallt der Blutzucker nach oben. Es gibt da diesen Trick, wenn man so eine Heißhungerattacke hat: Einfach stattdessen Obst oder Gemüse essen. Tomaten mit Salz und Pfeffer. Oder eben einen Apfel. Oder Paprika. Viel trinken. Also Wasser. Hilft!

Oder: einfach ein winzig kleines Stück von der Schokolade abbrechen und langsam auf der Zunge zergehen lassen. Danach: Wasser trinken. Hilft!

Aber das mit dem Obst ist echt klasse.

Ich persönlich habe Glück, weil ich Obst und Gemüse mag. Nun gibt es ja auch Menschen, die Obst und Gemüse hassen. Aber es gibt ja diese Tricks, mit denen man trotzdem gesund essen und trinken kann: Alles pürieren, dann eventuell mit Buttermilch vermischen und wie einen Cocktail trinken. Oder, noch besser, vor allem im Sommer: einfrieren und sich Eisbecher zubereiten. Es muss ja nicht unbedingt mit Sahne sein. Wobei ein Löffel Sahne jetzt auch nicht so schlimm ist.

Ich püriere das Eis-Obst und vermische es dann mit Skyr oder fettarmem Joghurt. Man kann auch noch ein paar Nüsse daruntermischen. Es schmeckt göttlich und man muss kein schlechtes Gewissen haben, aus dem einfachen Grund, weil es Obst und Proteine sind. Und ein paar Nüsse schaden nie.

Letztendlich musste ich feststellen, dass fast alle Eiweiß-Ernährungsformen gesund sind. Zum Beispiel kann man ein Pfund Hähnchenbrustfilet mit einem Kilo Gemüse oder Salat verschlingen und tut sich damit noch was Gutes. Man darf es kaum glauben, aber man nimmt dadurch auch nicht zu. Es ist einfach gesund. Oder gebratenen, gedünsteten, gekochten Fisch. Her damit! Wobei ich auch für gekochten Dorsch schwärme, aber den bitte nur mit einer Senfsoße und Kartoffeln. Schmacht!

Mir fällt gerade eine Geschichte ein. Eine gute Bekannte hat mir ein »total gesundes Eis« empfohlen, das sie in ihrem Thermomix (auch so ein Thema, was haben nur alle mit diesem Gerät??) zubereitet. Basilikum-Eis nämlich. Hört sich das nicht wahnsinnig gesund an? »Das ist mein Gemüse-Eis des Tages«, hat sie gesagt und mir dann erzählt, was in das Wunder-Eis reinkommt: Sahne, Zitronenmelisse, Zitronensaft, Zucker und Basilikumblätter. Entschuldigung, wenn ich kurz kehlig auflache. Das Eis schmeckt natürlich unverschämt gut, natürlich tut es das, und wir dürfen dreimal raten, warum!

Aber ich kann es sogar verstehen: Man betrügt sich selbst, indem man sich vorgaukelt, was Gesundes zu naschen. Aber dieser Schuss geht leider nach hinten los.

Auch ich musste in meinem gestörten Essverhalten erst mal lernen, was gut und schlecht ist, dass schlecht nicht der Weltuntergang ist, und ich musste lernen, wann ich wirklich

Hunger habe, und auch, wann ich satt bin. Ich neigte dazu, immer mehr in mich hineinzustopfen. Das ist teilweise heute noch so. *Mehr* ist das Zauberwort. Weniger wäre besser. Und wenn schon viel, dann wenigstens das Richtige. Man sucht sich ja tausend Gründe, was zu essen. Oder zu rauchen, Gott sei Dank habe ich ja 2011 damit aufgehört.

- Juhu, ein Kapitel ist fertig. Darauf ein Twix. Nein, zwei Twix. Juhu!
- Ach, guck mal, es regnet. Da muss ich gleich mal ein paar Salzstangen naschen.
- Ach, guck mal, die Sonne kommt raus. Sie war so lang nicht da, dass man ja fast erschrickt. Und auf diesen Schreck ein bisschen Toblerone. Ach, so ein Riegel ist ja nix.
- Der Paketbote hat mir heute zwei Pakete geliefert, die nicht für die Nachbarn, sondern für mich selbst sind. Ich bin so dankbar deswegen. Und nasche ein paar M&Ms.
Ich habe eine Maschine Wäsche gewaschen.
- Ich habe einen Vorsorgetermin bei meiner Gynäkologin ausgemacht.
- Ich werde heute Nachmittag walken gehen und finde, das sollte belohnt werden. So eine Tafel Ritter Sport Crunchy ist jetzt genau richtig!
- Ich hatte heute noch keine Schokolade.

Ich wette, viele werden sich jetzt wiedererkennen. Man kann sich auch gern eine eigene Liste an den Kühlschrank hängen.

Und wann hat man denn jetzt bitte Hunger? Also richtigen Hunger?

Ich habe das mal ausprobiert. Einen ganzen Tag lang, es war hochinteressant. Und grausam, ich hatte das so nicht erwartet. Die Sache ist nämlich die, dass ich, wie so viele andere auch, beim kleinsten Zucken des Gehirns oder des Magens aufspringe und mir was zu essen hole.

Was aber passiert, wenn man abwartet? Nichts isst. Abwartet. Einfach wartet, und in sich rein hört.

Irgendwann fängt der Magen an zu knurren, und spätestens jetzt bekomme ich erst einen Schrecken und dann schlechte Laune. Moment mal, warum knurrt so ein Magen denn überhaupt? Mal nachgeguckt auf geo.de. Hier heißt es: *»Bekommt der Magen einige Stunden lang keine Nahrung, wird er zum Hohlraum, in dem sich viel Luft befindet, eine Art Klangkörper. Durch die Kontraktionen gerät diese Luft in Schwingung, wie bei einem Musikinstrument. Je länger die Mahlzeit ausbleibt, desto mehr Luft sammelt sich im Magen an – die Geräusche werden lauter. Auch der Gedanke an ein wohlschmeckendes Essen kann dazu beitragen, da er den Verdauungstrakt quasi in Vorfreude versetzt. Alles übrigens ganz normal: Ein gesunder Magen-Darm-Trakt macht nun mal Geräusche.«*[2]

Damit hätten wir das auch geklärt. Unser Magen knurrt also und wir essen immer noch nix. Auch nix Gesundes. Warten ab. Ich persönlich merkte in dieser Zeit Folgendes: Ich bekam schlechte Laune. Ich musste mir dauernd leckere essbare Dinge vorstellen. Ich bekam Kopfschmerzen.

Diese Symptome verstärkten sich, je länger ich wartete. Ich musste an meine Oma denken: »Du hattest noch nie richtig Hunger«, hat sie, die zwei Weltkriege überlebt hat, ja oft gesagt, mir aber auch einen Nugatriegel zugesteckt. Vielleicht hätte Oma das einfach mal sein lassen sollen.

Mittlerweile bin ich jedoch alt genug, mein Essverhalten selbst zu analysieren und gegebenenfalls zu ändern, und das ist dringend notwendig gewesen. Man ist selbst für sich verantwortlich, das muss man sich immer vor Augen halten.

Wo waren wir? Magenknurren. Ich aß also immer noch nichts und die Symptome wurden stärker. Irgendwann, nach einigen Stunden, tat mir der Magen richtig weh. Es war vergleichbar mit einer heftigen Magenverstimmung, aber irgendwie anders, denn bei einer Magenverstimmung hat man ja keinen Hunger.

Während ich also vor mich hin litt, musste ich daran denken, was meine Oma mir über den Krieg erzählt hat. 1912 geboren, erlebte sie den 1. Weltkrieg als kleines Kind und hat nur schwache Erinnerungen daran, aber an den 2. kann sie sich sehr gut erinnern. 1939 war sie 27 Jahre alt und hatte kleine Kinder, die sie alleine durchbringen musste. Opa war im Krieg. Da war Hunger an der Tagesordnung und somit auch das Stehlen. Ein schlechtes Gewissen hatte niemand, man musste überleben. Warum ich das hier aufschreibe? Nun, weil ich finde, dass man sich einfach mal bewusst machen sollte, wie gut man es eigentlich hat heutzutage. Oma hat ihre kleinen Söhne zum Kohle- und Brotklauen geschickt, und wir machen uns darüber Gedanken, dass wir bloß genügend Schokolade zu Hause haben, um beim kleinsten Anzeichen von Gier alles in uns reinstopfen zu können.

Und ob es gesund ist, hat Oma sich bestimmt auch nicht gefragt, es wurde gegessen, was ging. Meistens war vegane Nahrung an der Tagesordnung, ohne dass sie vegane Nahrung hieß und ohne dass irgendjemand sich vegan ernähren wollte. Würde meine Oma noch leben, sie würde permanent den Kopf schütteln.

Abends war der Hunger dann am schlimmsten, und ich habe immer noch nix gegessen; eigentlich hätte ich das mit der Vorbereitung zu einer Darmspiegelung verbinden können. Man sagt ja, dass man den Hunger irgendwann »übergangen« hat, beim Fasten ist das wohl so, wenn nichts mehr im Darm ist, ist der Hunger angeblich weg. Das dauert aber ein paar Tage. So lange wollte ich nun auch nicht warten, es reichte mir auch so. Ich glaube, ich hatte spätabends richtig Hunger, also richtig, weil es wehtat. Ich trank ein Glas Rotwein, der mir natürlich sofort in den Kopf stieg, und dann bin ich ins Bett gefallen, um morgens mit einem Höllenkater aufzuwachen. Weil ich ein Trottel bin, habe ich dann selbstverständlich eine Riesenportion Rührei mit Toast gegessen, die Gier, die Gier. Dann tat mir der Magen wieder weh. Aber nun wusste ich wenigstens Bescheid.

Mittlerweile mache ich das so: Ich esse einfach nix mehr zwischen den Mahlzeiten, das hilft ungemein. Das Essen zwischendurch war nämlich auch so eine Falle für mich. Man kann sich nicht merken, dass man vorhin einen Müsliriegel oder ein Brötchen gegessen hat, oder man *will* es sich nicht merken.

Bei meinen zwei bis drei Mahlzeiten zwischen 8 und 16 Uhr versuche ich, gesund zu essen, weil es hinterher einfach herrlich ist, kein blödes Völlegefühl zu haben, außerdem ist man nicht mehr wütend auf sich selbst, und das ist auch ein schönes Gefühl. Es ist nämlich so: Die fünf Minuten, die man sich über Schokolade oder Flips freut, sind nicht vergleichbar mit dem Gefühl, es eben nicht und sich somit was Gutes getan haben. Denkt einfach an den Apfel oder den Buttermilch-Drink, da tut ihr euch schon was Gutes.

Und ansonsten gilt bei allem anderen: Machen, aber nicht übertreiben. Mal chillig, mal willig … und manchmal will ich auch einfach …

Denn, wir wissen ja: Man muss auch mal …

Walkie-Talkie mit der Freundin: »Wir müssen dich bewegen!«

Mit meiner guten Freundin Alexandra ist das so eine Sache. Sie spricht nicht, sie *ordnet an*. So trug es sich zu, dass sie den Satz »Wir müssen dich bewegen« zu mir sagte. Nur diesen Satz. Ganz ruhig hat sie den gesagt. Hinter diesem Satz jedoch stand eine Armada an grausamen Forderungen. Alex hatte auch schon mal den Satz »Hier muss renoviert werden« gesagt, in meiner Wohnung, und noch in derselben Minute habe ich zum Hörer gegriffen und einen Maler angerufen, aus Angst vor Konsequenzen. Denn Alex kann einen so angucken, dass man sich entleiben möchte. Dieser Blick ist wie eine geladene Schrotflinte. Widerworte geben den Schuss frei.

Aber: Wie gut, dass es Alex gibt. Wirklich. Folgender Dialog also:

»Wir müssen dich bewegen.«

»Oh, hab ich zugenommen?«

»Ja.« Dieses »Ja« kann man sich nicht vorstellen. Man muss es *hören*, man knickt sofort ein und fühlt sich wertlos und verbraucht, reif für die Schrottpresse.

Versuch zur Rettung der Situation: »Wir haben uns ja auch lange nicht gesehen.«

Darauf kam keine Antwort, was schlimmer war als eine Antwort.

Wir müssen dich bewegen war also der Satz der Sätze, denn »wer sich nicht bewegt, lebt nicht«. Auch so ein Satz.

Tapfer quetschte ich mich fortan täglich in meine alten Walking-Klamotten, die mir im Übrigen längst zu eng waren. Eine Hose ist sogar im Schritt gerissen. Neue durfte ich mir nicht zulegen: »Wenn wir dich regelmäßig bewegen, passen die alten wieder.« Wir müssen dich bewegen also.

Fluch und Segen zugleich ist die Tatsache, dass der Eppendorfer Park direkt vor unserer Tür liegt. Man muss nur eine Straße überqueren.

Täglich wurde ich nun von einer gnadenlosen Alex bewegt. Sie wurde mit der Zeit richtiggehend manisch. Ich war nicht mehr ich, sondern »das Projekt«. Nun gut. Dazu muss man sagen, dass ich natürlich mal wieder eine große Klappe hatte, denn als ich noch fitter war, bin ich beinahe täglich walken gegangen und habe locker sechs Runden geschafft. Das sind 6,6 Kilometer.

»Wir walken sechs Runden«, sagte ich also. Alex sagte nichts. Das Schweigen war sehr laut. Während wir also unsere Walking-Haltung einnahmen, war ich plötzlich guter Dinge. Es war doch prima, dass man mich bewegte. Meine Laufschuhe schubberten zwar ein bisschen, aber he – es war doch nur Walken. Wir eierten los und nebeneinanderher und ich ertappte mich dabei, dass ich mich beobachtet fühlte: von den uns entgegenkommenden, hageren, düster dreinblickenden Joggern, die Shorts über eine Leggins gezogen hatten, was ich bis heute nicht verstehe. Ich fühlte mich auch von dem älteren Herrn beobachtet, der einen noch älteren Cockerspaniel an einer Leine hinter sich herzog. Nach einer halben Runde wusste ich, dass ich mir eine Blase gelaufen hatte, war es denn die Möglichkeit. Meine Haut am Fuß brannte wie Feuer.

»Können wir uns bitte mal kurz setzen?« Es war natürlich nicht Alex, die das fragte.

Stakkatoartig die Antwort: »Warum? Wir sind doch gerade erst losgegangen. Wieso muss man sich denn da schon wieder setzen? Was soll das?«

»Ich habe einen Stein im Schuh«, schwindelte ich und ließ mich auf eine Bank fallen. Nachdem ich Schuh und Socke ausgezogen hatte, war mir klar, dass es eine Blase geben würde.
»Ich kann so nicht weiterwalken, das tut weh.«
»Du Lappen.« Bämm.
So endeten meine ersten sechs Runden Walken.
Ich humpelte zur Drogerie und besorgte Blasenpflaster.

Am nächsten Morgen stand Alex wieder um neun Uhr auf der Matte. Diesmal schafften wir mit meinem eingepflasterten Fuß tatsächlich zwei Runden, bis ich mich wieder setzen musste (Socke und Blasenpflaster waren irgendwie verrutscht). Um ehrlich zu sein: Ich war schon nach hundert Metern so fertig, dass ich nicht mehr konnte.

Mir tat der Rücken weh und weiter unten über dem Po die Knochen auch. Wahrscheinlich explodierte gleich meine Bandscheibe. Um es auf den Punkt zu bringen: Eine Wanderdüne kam schneller voran als ich.

Am nächsten Tag hatte Alex keine Zeit, weil sie mal wieder *so richtig joggen* wollte, und zwar so sieben Kilometer um die Alster, sie nahm mir allerdings das Versprechen ab, allein in den Park zu gehen, was ich auch hielt und tat.

Diese Qual, diese Schmach, lahm wie eine Schnecke Schritt für Schritt zu tun. Mir tat ja schon nach dem allerersten Tag alles weh. Jeder Knochen. Jeder Muskel. Das gesamte Fett. Ich fühlte mich furchtbar. Und die Leute, *die Leute*. Am schlimmsten waren die süffisant Grinsenden mit dem »Ach du liebe Zeit«-Gesichtsausdruck, oder sie dachten: »Bei der ist Hopfen und Malz verloren.« Ich weiß es, dass die das dachten, *ich weiß es*.

Dann passierte das Entsetzlichste überhaupt: Ich wurde von einer sehr betagten Nonne mit Rollator überholt. Lächelnd und eifrigen Schrittes schob sie mit festem Schuhwerk ihren Rollator an mir vorbei, nickte mir freundlich und gütig zu, und am liebsten hätte ich mich in ihre Arme geworfen, um mich von ihr trösten und streicheln zu lassen.

Ich lief verzweifelt weiter und wurde von noch mehr Leuten überholt, auch von einer Hochschwangeren, die schon Presswehen hatte, wie sie ununterbrochen behauptete, aber das fand ich nicht so schlimm wie die Nonne mit dem Rollator.

So weit war es also gekommen. Rollatoren rollatorten an mir vorbei, die ich da schwitzend versuchte, halbwegs, Achtung, superguter Wortwitz: über die Runden zu kommen.

Fazit dieses Tags, und er war noch jung: Ich bin so unbeweglich wie ein Findling. Ein Gletscher ist schneller als ich.

Alex war entsetzt, als sie das mit der Nonne hörte, aber sie betrachtete es auch als Ansporn: »Das war ein Zeichen, vielleicht von Gott selbst«, schwadronierte sie, die sonst nie gottesfürchtig war, und ich verdrehte die Augen. Als ob der liebe Gott mir eine Nonne mit Rollator als Zeichen schicken würde. Ich betete fortan jeden Abend, dass er mir Freude am Walken und Ausdauer plus keine Blasen vom Wundlaufen von oben senden würde, weiß aber nicht, ob ich erhört wurde, eher nicht, denn der Muskelkater blieb. Auch die Blasen. Bin dann in Flipflops gewalkt und die Leute guckten noch komischer.

Aber ich gab nicht auf, denn: Im Inneren hörte ich eine leise Stimme, die sagte: *Das tut dir gut. Es ist gut, dass du merkst, wie lahmarschig du die ganze Zeit warst, du Sofahockerin, du faule, lahme Ente. Wie peinlich, dass du es in einem Park nur von Bank zu Bank schaffst und dann ver-*

schnaufen musst, als hättest du gerade den Ironman auf Hawaii hinter dir. Weiter, los!

Jeder kennt das Gefühl »hinterher«: das Gefühl, etwas richtig Gutes für sich getan zu haben, das Gefühl, seinen Körper zu achten, ihm Bewegung gegeben zu haben. Und immer, wenn man mit der Bewegung fertig ist, denkt man: Wow, ich freue mich schon auf morgen. Aber am nächsten Tag sucht man dann wieder Ausreden, um nicht raus zu müssen. Warum eigentlich? Warum ist man so dumm?

So. Und natürlich am nächsten Tag (Alex hatte einen Friseurtermin: »Du gehst aber in den Park.«) dasselbe Drama. Ach, keine Lust, muss ja auch arbeiten und einkaufen. Außerdem graupelte es so vor sich hin. Ungemütlich. Alex aber war clever. Sie hat mich gezwungen, die »Wo ist«-Funktion auf dem iPhone für sie freizugeben. Fortan konnte sie immer sehen, wo ich war. Sie hat mir auch verboten, das Handy zuhause zu lassen, dann hätte ich ja sagen können, dass ich ohne Handy im Park gewesen sei.

Nun. Es war nicht einfach. Einmal war ich auch sehr traurig, als auf der letzten Walking-Runde ein Fünfjähriger »Guck mal, Mama, da geht ein dickes Schnabeltier« zu seiner Mutter gesagt hatte. Nein, es gab keine andere Möglichkeit, als mich zu meinen. Ich wollte gar nicht mehr raus.

»Du tust dir keinen Gefallen, wenn du dich nicht bewegst.« Wieder so ein Satz, der mich bis ins Mark erschütterte. Weil er so ernst und gleichzeitig so enttäuscht gesagt wurde.

»Willst du irgendwann nur noch vor dich hinvegetieren und immer träger und fauler werden?«

»Ich bin nicht für Marathons geeignet.«

»Keiner redet von *Marathons*. Ich bitte dich. Von einem Marathon bist du weit entfernt. Ich würde es nicht zulassen, dass du dich bei einem anmeldest«, echauffierte sich Alex. »Diese Schmach, wenn du als letzte Stunden später hechelnd über die Ziellinie schneckst.«

»Nein, das wäre nichts für mich. Ich würde mich in Grund und Boden schämen.«

»Ich rede *von mir*«, sagte Alex. »Das fällt dann alles auf mich zurück. Alle würden *über mich* reden. Warum hat die denn diese Planschkuh angemeldet, das sieht doch ein Blinder mit Krückstock, dass die nach hundert Metern nicht mehr kann. Und so eine will eine Übergewichtige trainieren!«

Ich schluckte. »Ich will ja auch gar keinen Marathon laufen.«

»Wirst du auch nie und musst du auch nicht. Ich will einfach nur, dass du dich bewegst. Sich regen bringt Segen, sagt man doch so schön.«

»Mhm.«

»Wie viele Runden schaffst du mittlerweile, ohne dich auf eine Bank zu setzen?«

Ich zuckte mit den Schultern. »Keine Ahnung.«

»Du weißt es ganz genau.«

»So zwei.«

»Also eine. Du musst dich steigern.«

»Ist gut.«

Walkte Alex mit mir, war alles noch anstrengender, denn sie wollte nicht nur walken, sie wollte Walkie-Talkie und zusätzlich wollte sie, dass ich immer außen lief, weil ich da auf mehr Schritte kam.

Wenn sie erzählte, ging es ja noch, aber wenn sie mir Fragen stellte, konnte ich vor Anstrengung kaum antworten. Außerdem verrutschten ständig meine Blasenpflaster. Ich hatte mittlerweile bei Amazon ein Spar-Abo abgeschlossen.

»Tempo, Tempo!«, rief sie oft anspornend, um mich dann zu fragen, wie ich ein Salatdressing für einen Spargel-Kartoffel-Salat zubereiten würde. Ich war fast am Ende.

Am liebsten schneckte ich allein meine Runden, und eines Tages hatte ich tatsächlich das Gefühl, nicht mehr ganz so unbeweglich und schlapp zu sein. Denn ich schaffte zwei Runden ohne Pause durch den Park, langsam zwar, aber ich schaffte es, und musste mich dann natürlich erst mal ausruhen.

Wenn man durch einen Park walkt, der zu einem Krankenhaus gehört, trifft man die unterschiedlichsten Menschen. Kranke aus dem gegenüberliegenden Universitätsklinikum laufen hier gern mal mit ihren Infusionsständern herum, Schwangere mit ihren Männern kurz vor der Niederkunft, aber das Beste ist eigentlich, wenn man in den Edeka auf dem Krankenhausgelände geht, hier laufen ja auch fast nur Kranke rum, die am Kopf bandagiert sind, Gips tragen oder einen Atemschlauch. Man kommt sich vor wie in einer Folge Walking Dead.

Die absolute Krönung meiner Walkerei erlebte ich allerdings mit Michael.

Ich traf Michael – wo sonst – während ich auf einer Bank saß und mich ausruhte. Ein Mann setzte sich ans andere Ende der Bank, legte die Hände in den Schoß und sagte: »Halloooo. Ich bin der Michael.« Er trug Cordhosen und eine Übergangsjacke, er sah sehr harmlos aus, richtig lieb.

Ich nickte ihm höflich zu (warum eigentlich, warum kann ich nicht mal *das* machen, was ich machen will, nämlich *nicht reagieren*. Es gibt keine Blödere als mich) und guckte dann wieder geradeaus auf die Wiese. Erdmuthe, eine Nonne, die ich vom Sehen kannte, ging vorbei und rief mir ein »Gott zum Gruße« zu.

Michael drehte sich nun zu mir. »Du willst jetzt sicher wissen, was ich hier im Park mache.«

Nein. Und: Wieso duzt der mich eigentlich? Wir waren noch nicht zusammen Erdbeeren pflücken. Davon abgesehen: Nein. Ich will es nicht wissen. Gar nichts will ich wissen. Wahrscheinlich bist du ein Organhändler und denkst, dass ich vor Erschöpfung gleich von der Bank kullere, um mir dann fachgerecht die Leber und die Nieren zu entfernen, auf die schon die Ehefrau eines russischen Oligarchen auf ihrer Jacht vor Dubai wartet.

»Ja, klar. Was machst du denn hier im Park?«

»Hihi«, machte Michael. »Ich hab hier meine dritte Konfrontationstherapiestunde.«

»Bitte?«

»Kon-fron-ta-tions-therapie. Noch nie gehört?«

»Nein, noch nie.«

»Ach. Also, ich bin Exhibitionist«, sagte Michael nun so, als müsste ich nun aufspringen, mir an die Stirn schlagen und rufen: »Ein Exhibitionist! Konfrontationstherapie! Wie konnte ich das nicht wissen, wo es mir doch genauso geht.«

»Aha.« Was bitte, was hätte ich sonst sagen sollen?

»Jaha. Ich drehe hier so im Park meine Runden und muss mich beherrschen, also ich darf nicht meinen ...«

»Verstehe.« Nein, er sollte aufhören. Sofort.

Ich stand auf und walkte einfach davon. Schneller als sonst. Als ich wieder an der Bank ankam, saß Michael noch immer da und sah traurig aus.

Ja, herrje, ich habe mich wieder zu ihm gesetzt. Und mir noch eine halbe Stunde angehört, wie gut es läuft.

Endlich – haha – konnte er mal alles rauslassen!

Die Zeit regelt wie so vieles alles. Und so habe ich es nach vier Wochen geschafft, sechs Runden am Stück zu walken, ohne mich einmal setzen zu müssen (habe auch Michael noch ein paarmal getroffen, der gute Fortschritte machte, und mir jedes Detail dieses Fortschritts erzählte). Erdmuthe hatte mir mitgeteilt, dass sie eine Blasenentzündung hatte, und ich wurde von Senioren gefragt, ob ich Lust hätte, mich im Bürgerhäuschen aktiv an Feiervorbereitungen zu beteiligen; es würden noch Kräfte für die Kuchentheke gesucht. Dann geriet ich tatsächlich an zwei Schülerinnen, die eine Umfrage zum Thema Bewegung machten; ich drängte mich ihnen regelrecht auf, und ich erzählte stolz von meinen Fortschritten.

Es war und ist ein gutes Gefühl, immer aktiver und beweglicher zu werden. Jetzt habe ich tatsächlich hin und wieder, wenn sie schon um die Alster gelaufen war, mehr Puste als Alex und kann auch Walkie-Talkie. Wir unterhalten uns jetzt immer.

Nun beginne ich so langsam, immer schneller zu werden und manchmal kann man es mit viel gutem Willen Joggen nennen. Und hin und wieder stellt sich so ein richtiges Glücksgefühl ein. Ich nehme an, das ist das, was Marathonläufer *Runner's High* nennen. Bei mir halt nur *light*.

Egal. Ich werde Alex immer dankbar sein.

Fazit: Das Gute am Walken ist: Du kannst es überall tun. Du brauchst kein Sportstudio, keine besonderen Klamotten, nur gute Schuhe. Ich persönlich habe welche von *Asics*. Aber das ist Geschmacks- und Fußsache. Weil wir aber gerade im Bewegungsmodus sind, lasst uns doch noch mal in ein Fitnessstudio walken und da lassen wir es uns dann richtig gut gehen!

Sportstudios sind sooo toll. Nicht.

Jaja, die Fitness-Oasen, die Spa-Erlebnisräume, die Power-Points, die Wohlfühlträume, sie alle versprechen uns, dass sich ganz viel ändern wird in unserem Leben, dass wir froh und gesund sein werden, dass wir dastehen und laut sagen: »Wie kann es sein, dass ich erst heute hier bin? Wo war ich in all den Jahren? Ich kann mir ein Leben ohne dieses Etablissement nicht mehr vorstellen!«

Mag alles sein. Natürlich war ich auch schon in diversen Sportstudios. Bestimmt in fünf. Und jedes Mal, wirklich jedes Mal bin ich irgendwann nicht mehr hingegangen und endete als Karteileiche. Mein Mann hat es noch getoppt. Er hat einen Vertrag abgeschlossen und noch nicht mal ein Probetraining absolviert, und war dann nie wieder dort. Man darf ihn nicht darauf ansprechen (»Mit den 70 Euro monatlich und das über zwei Jahre hätte man schöne Dinge kaufen können«), da reagiert er ungehalten. Denn Sportstudios haben sehr oft sehr kundenunfreundliche Verträge, aber am meisten regt mich bei so was immer die »Bearbeitungsgebühr« auf. Was soll das? Wieso bekomme ich kein richtiges Willkommensgeschenk (manchmal kriegt man eine Wasserflasche aus Plastik), sondern muss vorab noch eine Gebühr entrichten? Ich finde das doof. Aber darum geht es ja gar nicht.

So. Warum bin ich nicht gern in Sportstudios gegangen?
1. Natürlich gucken die anderen.
2. Natürlich grinst auch mal jemand, wenn da so ein kurzatmiger Mops angehechelt kommt.
3. Ja, es gibt auch mal gemeine Kommentare: »Bist du nicht die Schwere aus dem Rückentraining?« Oder auch sehr

nette: »Hast du schon abgenommen? ... Kleiner Scherz.« Himmel, wie LUSTIG!
4. Ich habe gelernt: Sport allein reicht nicht. Man muss was an seiner Ernährung ändern. Denn 80 Prozent läuft über die Ernährung. Sport ist sozusagen nur die Krönung, das Sahnehäubchen, gulp. Boah. Dann kann ich es auch lassen. Ich will da nicht hin.
5. Ja, hinterher fühlt man sich immer besser. Weiß ich alles. Aber ohne Studio noch besser.
6. Habe an Sporttagen immer stundenlang rumgeömmelt, alles Mögliche vorgeschoben, um nur nicht loszugehen zum Sport. Und oft endete es damit, dass ich überhaupt nicht los bin. Immer seltener. Soll heißen, ich habe ständig gedacht: Ich muss!, aber ich wollte nicht. Ein ganz blöder Kreislauf. Dann hat man also den ganzen Tag schon die Sportklamotten an, nutzt sie aber nicht. Manchmal schwindelte ich abends: Ja klar, ich war beim Sport, hab nur noch nicht geduscht. Letzteres stimmte.
7. Ich will da nicht hin. Punkt.

Und nun? – Ja. Bewegung ist wichtig, siehe Walkie-Talkie, und wann lernt man bitte sonst so interessante Menschen wie den Michael kennen, aber wir sollten auch was für unsere Muskeln tun. Ich habe mir bei Lidl (günstig, reicht völlig!) Kettlebells in drei Gewichtsstufen besorgt. Nach dem Walken – ich höre dabei übrigens immer den Podcast »Süßstoff – das Leben ist bitter genug« – zum Niederknien, was Witta und Mario da abliefern rund um die Welt der Möchtegerns und Promis und darüber, was sonst noch so alles auf der Welt los ist. Einfach eine geniale Abrechnung und Ablenkung von und mit Trash! Eine Folge ist eine Stunde lang, also perfekt!

Nach dem Walken also mache ich Übungen mit den Kettlebells und ich schwöre, es stimmt, wenn ich sage, dass ich das Muskelziehen liebe! Man muss nur aufpassen, dass sie einem beim Schwingen nicht aus der Hand rutschen, das kann böse enden, gerade wenn man Türen mit Glas hat oder einen Ehemann, der gerade reinkommt und fragt, ob man noch einen Kaffee möchte.

Leute, es kann so einfach sein. Jeden Tag nur ein bisschen was machen, es geht!!!!!!! Ihr müsst in kein Studio hetzen.
    Wir haben ihn, den Mittelweg!
    Es gibt viele Möglichkeiten, einfach zu Hause was zu tun! Im Internet gibt's tausend Tipps.

Wer natürlich sagt: »Ein Studio ist für mich das Nonplusultra«, der soll das natürlich tun. Ich beneide diese Menschen, die Sport als Hobby haben. Meinem Schwager würde ohne tägliches kilometerlanges Laufen etwas fehlen, er macht auch so schreckliche Dinge wie Schnee- und Skiwandern und übernachtet in kärglich ausgestatteten Hütten, um sich dann mit seinem Schneeschuhwanderfreund eine Dosenerbsensuppe zu teilen, die auf einem kleinen Spirituskocher erhitzt wird. Dabei fühlen sie sich richtig gut. Wenn alles wehtut vom Tag und man weiß, man hat sein Soll erfüllt. Beneidenswert.
    Ich würde nie auf die Idee kommen, mit Skiern auf dem Buckel bergauf durch den Schnee zu wandern, aber »man hat doch als Belohnung die Abfahrt«. Ja klar, und dann buckelt man wieder nach oben. Ich muss ihn mal fragen, wie das mit dem Duschen ist, ob es da in den Hütten eigentlich Badezimmer gibt oder ob sie sich in einen Holzeimer oder eine Lat-

rine entleeren müssen. Andererseits will ich es auch gar nicht wissen. Die ganze Familie läuft Marathons und meine Nichte macht täglich 150 Sit-ups. Wegen der Bauchmuskulatur.

Während meiner Radiozeit in Frankfurt habe ich mal einen Mann interviewt, der tatsächlich als einziger Hesse den Ironman auf Hawaii mitlaufen würde. Der Mann hat jeden Tag acht Stunden trainiert und war – und das war das wirklich Interessante daran – ansonsten die ganze Zeit nur am Essen. Während ich bei ihm war, vertilgte er einen Teller Nudeln nach dem anderen, er brauche Kohlenhydrate, sagte er, weil er so unglaublich viel verbrenne. Die erste Hälfte dieses Satzes trifft auch auf mich zu, die zweite leider nicht.

Da passt jetzt natürlich das mit dem »80 Prozent geht über die Ernährung« nicht ganz, weil ein Training für den Ironman eine extreme Sportvariante ist. Irgendwo im Internet habe ich gelesen, dass man beim Ironman selbst ungefähr 10 000 Kalorien verbrennt. 10 000! Das sind umgerechnet 20 Big Macs oder, um die gesunde Variante zu erwähnen, 200 Gurken.

Der eine oder die andere wird es mittlerweile gemerkt haben: Sport im Allgemeinen finde ich eigentlich furchtbar, aber ich habe mir mit dem Walken und den Kettlebells eine halbwegs versöhnliche Variante ausgesucht, um wenigstens ein bisschen was zu machen. Ich werde und will auch gar keine Gazelle werden, sehe aber ein, dass ich was tun muss – mehr, je älter ich werde, das ist leider so.

Noch etwas spricht gegen ein Sportstudio, ich hab's weiter vorn schon angerissen: *Natürlich* gucken und reden die Leute. *Natürlich* sagen die Mitarbeiter vor dem Vertragsabschluss folgende Sätze:

1. **Hier bei uns ist alles ganz locker.**
2. **Wir sind hier wie eine große Familie.**
3. **Hier sind auch ganz viele mit Übergewicht.**
4. **Da guckt auch keiner.**
5. **Hier wird auch nicht gelästert.**

Nee, ist klar, ne?

Ich darf und werde aus studiolanger Erfahrung nun sagen: **ganz locker**, okay, gut möglich, aber *so* locker nun auch wieder nicht, denn man ist ja hier, um Sport zu machen, und so gaaanz locker geht das nicht, denn man muss ja was tun. Klar duzen sich alle, aber alle gucken auch auf den anderen vor oder neben sich. Ist der/die/das besser? Schafft die es länger auf dem Crosstrainer? Hat das Wesen da gerade mehr Gewicht drauf als ich? Es ist natürlich, natürlich gut möglich, dass ich das alles ein wenig zu eng sehe, aber als Übergewichtige geht man anders in ein Fitnessstudio als ein dünner Mensch, das ist einfach so.

Allein die Vorstellung, nach dem Sport in die Sammeldusche gehen zu müssen, ist ein Albtraum gewesen – ich habe immer zu Hause geduscht.

Und man ist da wie eine **große Familie**? Das habe ich noch nie feststellen können. Ich gehöre aber auch nicht zu den schnatternden Girlies, die mit ihren iPhones herumfuchteln und wie Tauben nur in der Gruppe auftreten. Auch nicht zu den Hausfrauen, die ihren eigenen Inner Circle haben, in den niemand hineinkommt, der auch nur ansatzweise anders ist. Außerdem gehen mir die Hausfrauen meines Stadtteils ziemlich auf die Nerven, weil alles, wirklich alles, schlimm ist. Die Acht-Zimmer-Wohnung zu klein, das Parkett muss unbedingt abgezogen werden, die Putzfrau ist krank und die andere Putzfrau im neunten Monat schwanger und will deshalb nicht kommen (frech, so was!), und der Mann ist nie daheim, ständig auf Dienstreise, also muss man Etienne und Moritz auch noch selbst mit dem SUV zum Tennis und Ballett fahren und Hemden in die Reinigung bringen. Diese Gespräche sind unerträglich!

Weiter. **Ganz viele mit Übergewicht?** Das ist leicht übertrieben, es gibt einige, aber nicht viele. Übrigens gibt es zwei Wesenszüge bei Übergewichtigen: Die einen laufen gebückt durch das Studio, wollen von niemandem erkannt, angesprochen oder gefragt werden, ob sie mit zum Pilates kommen. Sie wollen einfach, so schnell es eben geht, ihren Sport durchziehen und dann wieder nach Hause. Zu denen gehöre ich. Es gibt eine kleine Übergewichtige, vor der hatte ich Angst. Sie geht nicht, sie springt durch die Räumlichkeiten, keckert dabei und hat rote, nach oben abstehende Haare. Sie spricht nie. Sie kullert von Gerätschaft zu Gerätschaft und absolviert mit grimmigem Keckern ihre Einheiten, dann kullert sie, ohne ein Wort zu sagen, wieder davon. Ich kenne niemanden, der jemals mit ihr gesprochen hätte.

Dann gibt es die Übergewichtigen, die polternd zur Tür reinkommen, am Tresen schreiend nach einem Spindschlüssel verlangen, auf den Tisch hauen, wenn es zu lange dauert. Sie poltern in der Umkleidekabine weiter, reden auch während des Zirkeltrainings ununterbrochen und laut, und erzählen, dass sie jeden Morgen einen halben Liter Sauerkrautsaft trinken, um dann so richtig gut auf den Topf zu können, aber hallo.

Einerseits geht mir das auf den Keks. Andererseits bewundere ich das. Eine, sie hieß Sarah, schrie mal vom Stepper aus zu mir: »Ich hab 150 Kilo gewogen und jetzt schon 20 runter, und du? Wie viel hast du noch? Aber auch bestimmt 120, oder?« Ich tat so, als hätte ich das nicht gehört.

So. Aha. **Da guckt auch keiner?** Doch. Doch!
Alle gucken. Alle! Und wer was anderes behauptet, lügt.

Immer, wenn ich beim Sport war, war ich devot. Ich guckte meistens auf den Boden, weil ich dachte, dass ich dann nicht so auffalle. Auf gar keinen Fall wollte ich auffallen.

Einmal saß ich strampelnd auf so einem Fahrrad, da kam einer der *Pump-Honks*, wie ich sie gerne nenne, auf mich zu. Ein Pump-Honk tritt meist in einer Gruppe anderer Pump-Honks auf. Ihm geht es nur darum, alle möglichen Gerätschaften mit möglichst viel Gewicht im Stehen oder Liegen hochzustemmen, während die anderen Pump-Honks das kommentieren: »Alter, du schaffst das, gib Gummi, Alter, komm, komm!«

Ich saß also auf diesem Rad und einer der ziemlich großen Pump-Honks kam auf mich zu, in diesem Samenstranggang. Die Beine breit, als seien die Samenstränge so wahnsinnig dick, dass man die Beine nicht zusammenbekam, denn da waren ja auch noch der überdimensionale Penis und die wahnsinnig dicken Eier. Der Pump-Honk kam näher, und ich wollte schon absteigen, weil ich Angst hatte, dass er loslegen würde: »Hier, du Muschi, mal runter vom Rad, jetzt bin ich dran, los, los, aber dalli jetzt, du fette Braut, mach, dass du Land gewinnst, bevor ich dich vom Rad fege!«

Ich starrte ihn mit großen Augen an. Er blieb stehen und ich sah, dass er Tränen in den Augen hatte und ein Muscle-Shirt mit der Aufschrift »TITTEN RAUS! ES IST SOMMER!« trug. Und dann sagte der Pump-Honk mit leidender Stimme, ich übertreibe nicht: »Meiiiiiine Trinkflasche ist weg. Ich find die nicht mehr.«

Ich glotzte ihn weiter an, dann sah ich mich um. »Hier ist sie leider nicht.«

»Das ist ne König-der Löwen-Trinkflasche, eine aus dem Musical.« Seine Unterlippe zitterte, ich war kurz davor, ihn zu fragen, ob ich ihn stillen soll. Dann schlurfte er traurig und deprimiert davon. Merke: Nicht jeder ist so, wie er aussieht. Wer eine König-der-Löwen-Trinkflasche besitzt, muss ein guter Mensch sein, Pump-Honk hin oder her.

Kommen wir zum letzten Punkt: **Hier wird auch gar nicht gelästert.** *Aber nein, natürlich nicht.* Ich erinnere mich an ein männliches Paar, das immer gemeinsam zum Training kam, und die beiden machten jede Übung, bei der es ging, gemeinsam. Der eine von ihnen sagte diesen bereits erwähnten gemeinen Satz: »Du bist doch die Schwere aus dem Rückentraining.« Voll gemein, überhaupt so einen Satz zu sagen, zumal er gar nicht mich meinte, sondern Sarah, was mich noch trauriger stimmte. Ich weiß noch, dass ich damals sagte: »So viel wiege ich nun auch nicht«, und dieser Lackaffe grinste süffisant und sagte: »Zu schwer für'n Fahrrad biste aber auch.«
Es ist nicht leicht, wenn man schwer ist.
Die beiden Vollidioten haben nicht nur über mich gelästert, sondern auch über andere. Wer nicht in ihr Bild passte, über den wurde hergezogen. Es waren aber nicht die Einzigen, die redeten. Ich schnappte öfters was auf, zum Glück galt nicht alles mir.
Hier meine Top Five:
5. »Die muss die nächsten Wochen aber auch nix mehr essen.«
4. »Dürfen hier jetzt auch Seekühe trainieren?«
3. »Guck mal, die in dem blauen Oberteil ist so rot im Gesicht, die platzt gleich. Ich hol schon mal die Flasche mit dem Fettlöser.«

2. »Der braucht zwei Führerscheine.«

Und hier kommt meine Nummer 1:

»Wenn der fünfzig Kilo abnimmt und sich dann die überflüssige Haut wegschneiden lässt, kann er sich drei Ledermäntel draus schneidern lassen.« Das war und ist die Krönung, ich war fassungslos. Am schlimmsten war, dass der, um den es ging, das auch noch alles gehört hat.

So. Nun genug von diesem niederziehenden Thema. Natürlich suchen wir auch zum Thema Sportstudio den goldenen Mittelweg. Und der heißt: Man kann zwar, muss aber nicht. Oder wie es in Swingerclubs gern auf der Homepage steht: *Alles kann, nichts muss.* Es gibt viele Möglichkeiten, ohne Fitnessstudio zu existieren, man muss sie nur suchen!

Es gibt natürlich auch noch die Personal Trainer, habe ich selbstverständlich auch gebucht und es versucht. Ich quälte mich durch die Stunden und weil ich zusätzlich noch Metabolic Balance machen sollte (eine Ernährungsform, bei der anhand von Blutwerten bestimmt wird, was und wie viel man davon essen darf, zwischen jeder Mahlzeit liegen fünf Stunden), funktionierte es auch ganz gut. Sobald ich aber auch nur ein bisschen pausiert habe, nahm ich wieder zu. Es wird halt auch immer schwieriger, je älter man wird, ist leider so.

Deswegen bin ich so froh, dass ich das Intervallfasten für mich entdeckt habe.

Und wieder sind wir beim Mittelweg angelangt: Sportstudio jein, es geht auch anders. Ich kann Walken und Kettlebells wärmstens empfehlen! Einfach mal ausprobieren, was zu einem passt!

KAPITEL 2

Außenleben – Innenleben

Kommen wir nun mal zu den Menschen.
Zu denen, die um uns herum sind, mit denen wir
gewollt oder ungewollt zu tun haben.
Die angeblich unsere Freunde sind, aber das Gegenteil
ist der Fall. Oder die, die uns nur interessant finden,
wenn wir ihrer Ansicht nach in irgendeiner Form was
hermachen. Man kann ein Lied davon singen. Und auch
von den besonderen Wesen, die wir unbedingt
um uns haben wollen.

Lasst uns über Taunustörtchen & Co sprechen

Kommen wir zu den Elbletten, Perlen-Paulas und wie sie sonst noch so heißen, diese verkniffenen XS- und BH-A-Zicken-Weiber. Man muss diese Weiber doch bitte mal schütteln dürfen!

Es gibt sie überall, diese Spezies Frau, die Dünnsein und Sport und die neuesten Chanel-Düfte und Bobbi-Brown-was-weißich für absolut notwendig erachtet und auch dünn ist, sie ist aber noch mehr: Sie ist permanent schlecht gelaunt und in meinem Stadtteil Hamburg-Eppendorf leider in einer Vielzahl vertreten. Ich liebe meinen Stadtteil, hier gibt es viele Altbauten, Kanäle, und Eppendorf ist ein Städtchen für sich, aber leider gibt's auch viele dieser Frauen. Ich fühlte mich leider gewichtsmäßig noch nie dazugehörig und hatte auch viele Vorurteile, die sich leider bewahrheiteten. Ein sehr herausragender Punkt ist, dass diese Frauen nie, wirklich nie, mit etwas zufrieden sind. Selbst wenn sie eine *Cartier*-Uhr geschenkt bekommen, nörgeln sie noch, weil's ja nicht dies oder das Modell ist. Meine Nachbarin Anni ist die Ausnahme. Sie hat von ihrem Mann eine solche Uhr geschenkt bekommen und freut sich immer noch drüber. Anni könnte übrigens eine typische Schlechte-Laune-Frau sein, ist es aber nicht. Sie rast gut gelaunt durchs Leben, arbeitet auch gut gelaunt, hat zwei nette Kinder, und mit ihr kann man wunderbar Crémant süffeln.

Ich war also nie scharf darauf, in einer dieser Reiche-Frauen-Cliquen Mitglied zu sein. Erstens bin ich nicht reich, zweitens arbeite ich und drittens bin ich vom Wesen her einfach anders. Ich bin direkt und manchmal laut, und ich bin auch gern mal zynisch und lache gern über mich selbst. All

dies geht diesen Frauen ab. Ich habe was vergessen: Und ich bin dicker. Aber darum geht's jetzt mal nicht.
Jedenfalls: Sie sind nun mal wie Mücken in der Nähe eines Sees: einfach überall.
Ein einziges Mal kam ich in eine Eppendorfer Runde. Jemand feierte seinen runden Geburtstag und buchte mich für eine Lesung in einem schicken Café mit französischer Einrichtung. Ich weiß noch, dass ich dachte: Mach es nicht. MACH ES NICHT! Aber ich hab's gemacht!
Ich war früh genug da, um mich umzusehen, und dachte schon ›Ach du dicke Kacke‹, sagte aber natürlich nur »Hallo«, »wie schön, dass ich hier bin« und »das sieht ja lecker aus«, womit ich die Croissants und Madeleines und Petit Fours meinte, die überall auf den Bistrotischen herumstanden und die natürlich keine der dreißig anwesenden Damen anrührte. Da standen auch überall noch so Näpfchen mit Pistaziencreme und diversen Marmeladen, und es gab eine hausgemachte Schokocreme, der man ansah, dass man dafür sterben würde. Ich hatte in meiner eigenen Logik morgens nichts gegessen (ich dachte, dann bin ich ein bisschen zugehörig, obwohl ich das eigentlich gar nicht wollte, ich Schaf), und ich hätte mich überall reinsetzen können, ehrlich.
Die Damen liefen saphir-, rubin-, brillant- und smaragdbehängt durch das Café, ihre Hermès- und Chaneltaschen geschultert, man trug Joop!, Jil Sander und Tod's-Gürtel, begrüßte sich mit Luftküsschen und trank eiskalten Champagner, der von dienstbeflissenen Garçons großzügig nachgeschenkt wurde. Die Taittinger-Flaschen lagerten selbstredend in silbernen Eisbehältern. Das Schnattern der Weiber war unerträglich. Ich sah sie mir genauer an. Manche kannte ich vom Edeka oder vom Sehen im Viertel. Eine fiel mir be-

sonders auf, sie sah aus wie eine verbitterte Krähe, hatte die Eppendorfer steile Falte auf der Stirn und trug eine dunkle Hornbrille, was ihre Züge noch härter wirken ließen. Aber am schlimmsten war ihre Stimme. Viel zu hoch, viel zu krächzend, es tat weh, ihr zuzuhören. Die anderen sahen nicht wirklich besser aus. Wenn ich daran zurückdenke, fallen mir spontan drei Adjektive ein: Unzufrieden. Neidisch. Hungrig.

Irgendwann also begann die Lesung. Wer schon mal auf einer war, weiß es, allen anderen sei gesagt: Es ist wichtig, das Publikum auf seiner Seite zu haben. Du musst sie von Anfang an mitreißen und zum Lachen bringen (bei den meisten meiner Bücher sollte man das jedenfalls gefälligst tun), sonst ist der Käse gegessen.

Ich hatte mir schöne Stellen mit witzigen Inhalten herausgesucht, und ich dachte, auch die Eppendorferinnen könnten herzhaft darüber lachen. In anderen Stadtteilen und Städten hat es ja auch funktioniert.

Ich mache es kurz: *Niemand* lachte. *Keine einzige* Dame verzog auch nur den Mund, vielleicht lag's auch daran, dass sie sich kurz vorher botoxen haben lassen, ich weiß es nicht. Ich weiß nur, dass mir der Schweiß in Strömen den Rücken runterlief. Die ganze Zeit musste ich daran denken, dass das ja die hinter mir sitzenden Krähen sehen konnten, woraufhin ich noch mehr schwitzte.

Es war furchtbar.

Nach den gebuchten dreißig Minuten klappte ich das Buch zu und sah auf – in versteinerte Gesichter. Alle saßen mit verschränkten Armen da und starrten mich böse und/oder verächtlich an.

Und ich Trottel sagte, anstatt einfach aufzustehen und zu gehen: »So, das war's von mir, gibt's irgendwelche Fragen?«

Eine Blondine schoss einen Giftpfeil ab. »Dass die eine Frau stirbt, ist ja wohl nicht lustig. Meine Mutter ist letztens gestorben, ich kann Ihnen sagen, dass das gar nicht komisch war.«

»Ich ...«, fing ich an, wurde aber von einer anderen Blondgesträhnten unterbrochen.

»Meine Mutter ist 94 und noch fit wie ein Turnschuh. Da muss ich mir doch hier nichts übers Sterben von alten Menschen anhören.«

»Pfui«, meinte eine dritte. Zum Glück war dann Ruhe im Karton.

Obwohl mein Magen knurrte wie blöde, bin ich sofort gegangen und habe mir in einem anderen Café hundert Meter weiter erst mal ein Frühstück bestellt. Die Krönung war dann noch, dass die Gastgeberin mich nicht bezahlen wollte, »weil dieser Auftritt ja überhaupt nicht gut angekommen ist«.

Ich habe das dann für mich einfach abgehakt. Und mir geschworen, nie wieder in Eppendorf eine Lesung zu veranstalten. Nie wieder. Daran habe ich mich auch gehalten.

Du meine Güte, bitte, lieber Schöpfer da oben, lass mich so nicht werden. Nicht so knarzig verbittert, dauernd unterzuckert und deswegen wahrscheinlich auch so mies drauf.

Grauenhaft.

Was auch ganz schlimm ist an diesen Frauen: Sie können nie über sich selbst lachen und sie halten sich grundsätzlich für was Besseres. Gehen über den Wochenmarkt, als würde er ihnen gehören, und bezahlen morgens um acht Uhr mit einem 500-Euro-Schein, um dann zu meckern, wenn die Gemüsefrau nicht wechseln kann. Man kann es nicht glauben, aber es stimmt.

Dann – oh Wunder – lernte ich in der Warteschlange an einer Eisdiele eine blonde Frau kennen, die irgendwie *anders* aussah als die anderen. Sie hatte blondgesträhntes Haar, was jetzt nichts Besonderes war, sie war gut angezogen, aber nicht übertrieben gut. Sie sah gepflegt aus, aber nicht *überpflegt*. Sie war geschminkt, aber nicht *zugekleistert*. Das alles gab ein harmonisches Bild ab. Warum auch immer lächelten wir uns an und kamen ins Gespräch. Wir kauften unser Eis und setzten uns gemeinsam in die Sonne. Ich wollte unbedingt wissen, was das für eine Frau war. Eben weil sie so anders war, ich aber noch nicht genau zuordnen konnte, warum.

Sie bewegte sich mit einer gelassenen Sicherheit, wenn sie sprach, gestikulierte sie mit der freien Hand. Ihre Stimme war klar und rein, dialektfrei und unaufgeregt, nicht so hysterisch, wie es bei vielen anderen zu hören war. Sie hatte keine steile Stirnfalte.

Und dann wusste ich, warum sie so war, wie sie war. Sie trug einen Siegelring mit einem Wappen, und ich fragte einfach, was es mit dem auf sich hätte.

Nun, sie war eine Gräfin, und der Stammbaum der Familie ging bis ins 11. Jahrhundert zurück. Ja, man war sehr wohlhabend. Schon immer gewesen. Ach. Auch das sagte sie mit dieser unaufgeregten Stimme und mit einer Sicherheit, die wohl nur diesen Menschen gegeben ist, die wissen, dass hinter jedem Raum der nächste kommt.

Altes Geld. Das war es. Die Gräfin hatte es gar nicht nötig, sich zu produzieren. Ihr war die Sicherheit eines Lebens in Wohlstand gegeben. Sie keifte nicht rum, wenn die Putzfrau – die hier sowieso Haushälterin oder »unsere Perle« heißt – krank ist, im Gegenteil, sie wünscht gute Besserung und lässt fragen, ob man etwas tun kann.

Da war mir klar, dass das der Unterschied ist.
Es gibt es wirklich, das neue und das alte Geld.
In Eppendorf wohnen halt viele Neureiche. Und das waren Zicken. Zicken aller Couleur.
Ich wohne eben auch hier und darf von mir behaupten, dass ich weder neureich noch altreich noch eine Zicke bin.
Ich habe nun mal hin und wieder mit diesen Frauen zu tun, sei es auf Geburtstagen oder auf Grillabenden. Sie sind immer überheblich. Und ich war immer so blöde, mich kleinzumachen.
Was ich aber eigentlich gar nicht möchte.
Ich wette, fast jede Frau kennt solche Frauen, die glauben, was Besseres zu sein, bloß weil sie einen Mann mit (neuem) Geld geheiratet und zwei Kinder bekommen haben, die Luisa und Cedric heißen und sich auch so benehmen.
Und ich wette, viele Frauen verhalten sich genauso wie ich. So blöd devot. So unnötig duckmäuserisch. Eben weil wir nicht so sind wie die und das auch gar nicht sein wollen. Aber man muss halbwegs mit ihnen auskommen, wenn man nicht komplett vereinsamen will. Aber verbiegen sollte man sich auch bitte nicht.
Als ich von Hessen nach Hamburg gezogen bin – Kulturschock! Die Hessen sind so ganz anders als die Leute in *Hamburch* –, das war 2002, waren mein Freund und ich auf einem Grillfest in Blankenese eingeladen. Ich war die neue Freundin, und ich wurde entsprechend begutachtet und beäugt.
Ich weiß noch genau, wie ich dastand, und zwar alleine, ich wollte nicht wie eine Klette an meinem Freund hängen, der unterhielt sich mit alten Segelkameraden.
Irgendwann bin ich zu einer kleinen Gruppe Frauen gegangen, die zusammenstand und Champagner aus langstieligen

Gläsern trank. Sie alle waren blond, was auch sonst, hatten weiße Blusen an, trugen Perlenketten und Ballerinas, alle waren beinahe unnatürlich dünn und eigentlich wäre es nett gewesen, wenn eine von ihnen mich vorher mal gefragt hätte, ob ich mich nicht zu ihnen gesellen möchte.

Ich also da hingestampft, passend angezogen für ein Grillfest: Jeans und bunte Bluse, Turnschuhe, völlig unprätentiös, darf ich versichern, und ich sagte: »Hallo, ich bin die Neue.« Noch war ich forsch und gab ihnen eine Chance. Vielleicht waren sie ja gar nicht »so«.

»Guten Abend«, sagte eine von ihnen für alle und dann fragte eine: »Und Sie kommen aus Hessen?« Sie sagte *Hessen* so, wie man etwas ausspricht, das man völlig unangebracht und indiskutabel findet.

Ich liebe meine Heimat. Ich bin stolz darauf, eine Hessin zu sein! »Ja, ich komme aus der Nähe von Frankfurt.«

»Aber nicht *direkt* aus Frankfurt, nehme ich an.« War das eine Frage oder eine Feststellung? War das nett oder fies gemeint? Man konnte ja nie wissen.

»Nein, nicht direkt.«

»Das habe ich mir gedacht.« Sie drehte sich wieder weg von mir. Ich stand da wie Klein Doofi.

Eine andere erbarmte sich meiner. »Wie gefällt es Ihnen denn in Hamburg?«

»Oh, gut, ich …« Auch sie drehte sich weg, ohne auf meine Antwort zu warten. Ich blieb hilflos da stehen und dachte, vielleicht bessert sich die Stimmung gleich und wir können alle miteinander trinken und lachen, eine Bratwurst essen oder ein mariniertes Schwenksteak, dazu einen Kartoffelsalat, was man halt so isst auf einem Grillfest. Aber die aßen nix. Und allein wollte ich mir kein Steak holen.

Ich stand also weiter da wie Doofi Klaboofi und suchte verzweifelt Anschluss, hörte dem Gelaber zu, nickte und versuchte, mich einzubringen. Keine Reaktion.

Dann sagte eine: »Wir holen uns noch Champagner. Sollen wir Ihnen ein Glas mitbringen?« Allein dieses »Ihnen«. Die duzten sich untereinander ja alle. Dennoch: Das war der Lichtblick, der Hoffnungsschimmer. »Ja, sehr gern.«

Sie gingen weg, ich stand da und wartete – und sie kamen nicht wieder, und standen dann meterweit von mir entfernt wieder als Grüppchen zusammen, und ich weiß, dass sie über mich redeten.

Ich hätte heulen können. Gleichzeitig war ich wütend. Warum konnte man mich nicht integrieren? Warum musste man mich so behandeln? Weil ich nicht in ihr Raster passte? Weil ich nicht aussah wie eine blondgesträhnte Krähe?

Ach, es war so demütigend.

Irgendwann habe ich mich auf eine Bank gesetzt und was gegessen. Wenigstens war der Abend schön für meinen Freund. Was kannte der überhaupt für furchtbare Leute!

»Mit den Frauen hatte ich nie was zu tun, ich bin ja mit meinen Freunden gesegelt«, sagte der später. »Ich wusste nicht, dass die so eklig sind.«

Ich fand sie auch eklig. So was machte man doch nicht. Das gehörte sich doch nicht.

Ein Jahr verging und wir waren wieder bei diesen Freunden eingeladen. Erst wollte ich nicht mitgehen, aber dann tat ich es doch, weil ich schon ein bisschen mehr in Hamburg zu Hause war.

Da standen die doch tatsächlich in derselben Formation wieder zusammen, war es denn zu fassen. Als sie mich sahen, kamen zwei von ihnen strahlend auf mich zu.

»Du hast ja ein Buch geschrieben!« (Du?) »Das ist ja in jeder Zeitschrift, da sind auch Interviews mit dir, das ist ja toll, also komm doch mal mit, alle freuen sich, dich besser kennenzulernen.«

Ach.

Doof wie Hulle lief ich mit und dann stand ich da zwischen den ganzen Krähen, die noch krähiger aussahen als letztes Jahr.

Worte wie Bewunderung, so klasse und Wahnsinn und prominent fielen und man fand mich plötzlich interessant.

Zuerst habe ich mich gefreut, wie ein geprügelter Hund, der jetzt dankbar dafür ist, dass es vorbei ist. Aber dann sind mir innerlich Lichter aufgegangen und ich wurde sauer. Es ging nicht um *mich*, sondern darum, dass man die Tatsache interessant fand, dass ich offenbar für einige Gazetten interessant war. Ein bisschen in der Öffentlichkeit stand. Eine Tatsache übrigens, die ich nie angestrebt habe.

Und dann sagte ich ganz spontan, und damit fing dann alles an: »Letztes Jahr habt ihr kaum ein Wort mit mir gesprochen, obwohl ich neu war und mich darüber wirklich gefreut hätte, und jetzt kommt ihr an, wegen meinem Buch – danke, darauf kann ich verzichten, und auf euch auch.« Hab mich umgedreht und bin gegangen. Und fühlte mich wohl.

Nee. Immer muss man nicht Wein sagen. Nicht bei diesen Zicken.

Das ist also nun über 20 Jahre her und es ist wirklich ein gutes Gefühl, mittlerweile verinnerlicht zu haben, dass man sich nicht alles gefallen lassen muss. Weil ich keine Maschine bin, kommt es selbstverständlich auch vor, dass mir die Worte fehlen. Und das ärgert mich maßlos, weil es so peinlich ist, was Blödes gesagt zu bekommen und nicht richtig zu kontern.

Das bekomme ich gesagt	Das hätte ich früher gesagt	Das antworte ich heute
Du wirst halt auch nicht jünger.	Hihihi, nee, hihihi. Aber du siehst gaaanz toll aus, als wärst du in einen Jungbrunnen gefallen.	Nichts. Und zusätzlich, wenn es eine A-Zicke ist, ihr auf die nicht vorhandene Oberweite starren.
Guck mal, die da, die isst Brot.	Also, äh, ich esse das Brot nur, weil ich den ganzen Tag noch nix gegessen habe, äh.	Nichts.
Ach, du bist Autorin, ach, das ist ja toll, ich sag ja immer, wenn nix mehr geht, schreib ich auch ein Buch.	Ja, das ist ja schön. Vielleicht kann ich dir ja dann helfen, einen Verlag zu finden.	Nichts. (Habe auch schon mal gesagt: Wenn nix mehr geht, operiere ich mal einfach so am offenen Herzen, das ist bestimmt lustig.)
Es wäre schön, wenn Sie zu einer Lesung kommen könnten, aber Honorar und Fahrtkosten können wir nicht zahlen.	Das macht doch nichts, ich bin gerne zwei Tage unterwegs, ohne was zu verdienen.	Nichts.
Meine Tochter will ein Praktikum in einem Verlag machen. Du kennst die doch alle. Mach doch bitte mal eine Liste mit Ansprechpartnern und Durchwahlen, und kündige dann an, dass sie sich meldet.	Aber natürlich! Da ich ja den ganzen Tag nur »keine richtigen Bücher« (weil, sie sind ja lustig – auch schon alles da gewesen) schreibe, habe ich Zeit und Muße, mich um den Praktikumsplatz für die faule Tochter zu kümmern.	Nichts.

Deswegen – ja, man darf den Kopf schütteln – habe ich mir die kleine Liste auf der vorherigen Seite mit Antworten erstellt, selbstredend auch die dazugehörigen vorherigen Aussagen. Man liest richtig, heute antworte ich: *nichts*.

Haha! *Nichts* zu sagen, nicht zu antworten, das Gegenüber einfach anschauen, ernst oder auch ein wenig belustigt, das kann Antwort genug sein. Es ist herrlich. Man kann dann ganz wunderbar in den Menschen lesen.

Einfach gar nichts antworten, das ist für mich der goldene Mittelweg.

Ich werde mich nicht mehr rechtfertigen, ich werde nicht wie eine doofe Nuss »ja klar« sagen, ich sage einfach *nichts*. Was ich dadurch gelernt habe: Die fragen einen nie mehr was! Einfach mal ausprobieren. Ach so: Klar kann das auch arrogant und überheblich rüberkommen, aber wir wissen ja selbst, was wir sind und was nicht!

So einfach ist das.

Und so kann man ganz wunderbar mit den Elbletten, den Perlen-Paulas, den Taunustörtchen und den Perlhühnern und wie sie alle heißen, umgehen. Es gibt sie in jeder Stadt, sie heißen überall anders, aber sie sehen überall gleich aus. Sie lächeln auch nur, wenn der Beauty-Doc die Spritze falsch gesetzt hat. Ansonsten ist das ganze Leben anstrengend und eigentlich unzumutbar. Durch Klappe halten Paroli bieten: Das sind die Zauberworte, in jeder Stadt.

Funktioniert übrigens nicht nur bei denen, auch sonst ist das Nichtantworten gut anwendbar. Bei meinem Mann zum Beispiel funktioniert es auch.

»Ich kann es nicht ertragen, wenn du einfach still bist. Ja, von mir aus machen wir das so.«

Geht doch.

Wir sortieren aus!

»Also ich finde nicht, dass du abnehmen/eine Hyaluronsäurebehandlung machen/dich mehr bewegen/deinem Mann alles glauben/glücklich sein/zufrieden sein/dankbar für all das, was du hast, denn was hast du denn? sein solltest.«

Wie bitte? Da hilft nur Klartext: Falsche Freunde – weg damit. Falsche Menschen wollen nicht, dass du etwas zum Guten veränderst. Sie wollen, dass du *unter* ihnen liegst, unbedingt. Sie wollen auf dich herabschauen.

Sie möchten auf gar keinen Fall, dass es dir besser geht als ihnen. Viele von ihnen sind narzisstisch unterwegs, sie brauchen dich, um sich selbst groß zu machen (und nebenbei dich klein).

Ich kann ein Lied von diesen falschen Freunden singen.

Ich habe mich von ihnen abgewandt, seitdem geht es mir besser! Ich hatte zwei sehr gute Freundinnen. Beide in meinem Genre tätig. Beide lernte ich ungefähr zeitgleich kennen. Die eine, ich nenne natürlich nicht den richtigen Namen, nennen wir sie mal H., H. also hat auch Bücher geschrieben, hat aber nicht so richtig an sich geglaubt und dümpelte ein bisschen so vor sich hin. Ich hab ihr unter die Arme gegriffen und sie integriert bei Lesungen, ich hab von ihren Büchern geschwärmt und sie so gestärkt und auch vorangebracht. Wir wurden beste Freundinnen und blieben das sehr lange, über einige Jahre. In dieser Zeit der besten Freundschaft ging es für sie immer weiter aufwärts, immer wieder hab ich sie bestärkt, aufgebaut, auch im privaten Bereich. Kurzum: Ich war stets für sie da und hab mir auch zum zwanzigsten Mal angehört, wie schlimm der Freund sich wieder verhalten habe und ob sie sich trennen soll oder was auch immer. Für solche

Situationen hat man schließlich eine beste Freundin. So soll das sein.

Nach einigen Jahren, jedoch, trug es sich zu, dass es *mir* zum ersten Mal schlecht ging, aus diversen Gründen, die leider alle zusammenkamen und ein ziemlicher Brocken waren. In dieser Zeit brauchte ich mal meine beste Freundin, dringend sogar.

Und sie: zog sich zurück, immer weiter, hatte keine Zeit mehr, hatte viel zu tun, kurzum: Sie war nicht für mich da. *Gar nicht.*

Ich erinnere mich an einen Dialog, der alles veränderte:

Ich: »Ich verstehe nicht, warum du jetzt, gerade jetzt, nicht für mich da bist. Ich bin es doch in der Vergangenheit und ebenso jetzt auch immer für dich gewesen.«

Sie: »Aber bei dir ist das doch gerade viel existenzieller.«

Das hat sie gesagt.

Kurze Zeit später habe ich die Freundschaft, die eigentlich schon lange keine mehr war, beendet. Das ist jetzt viele Jahre her, ich habe sie nicht eine Sekunde lang vermisst.

Aber hart war das schon.

Natürlich hätte ich versuchen können, die Freundschaft in eine lose Bekanntschaft zu verwandeln, aber ich wollte in diesem Fall keinen Mittelweg, ich war zu enttäuscht und zu verletzt. Ich wollte schlicht und ergreifend nichts mehr mit ihr zu tun haben.

Ich denke, je intensiver eine Freundschaft ist, desto schwerer ist es auch, einen Schlussstrich zu ziehen, aber in diesem Fall war es einfach richtig.

Die zweite Freundschaft endete ebenfalls vor längerer Zeit. Auch eine sehr gute Freundin, für die ich da war, insbesondere, nachdem sie sich selbstständig gemacht und ständig

Existenzängste hatte. Ich besorgte ihr Aufträge, ich schrieb ihr aufmunternde Postkarten, ich machte ihr schöne Geschenke, und: Ich tat das alles gern. Ich mochte sie und, ja, vielleicht hab ich ein Helfersyndrom. Das Problem bei, nennen wir sie B., war, dass sie ständig neidisch und missgünstig war. Wenn ich einen Erfolg zu verbuchen hatte, kam von ihr der Dämpfer, eine fiese Mail oder blöde Sprüche am Telefon. So hat sie mir dieses schöne Erlebnis miesmachen wollen, eine Art, die mir völlig fremd ist. Als dies dann mal wieder passierte, war ich am Ende – mit dieser Freundschaft. Es kamen noch ein paar miese E-Mails, ich sperrte sie überall, dann herrschte Funkstille.

Seitdem, das muss ich ehrlich sagen, bin ich sehr, sehr vorsichtig, was »Freund« und »Freundin« betrifft, und ich finde, das sollten wir alle sein. Denn nicht jede und jeder ist vorbehaltlos Freund und Freundin. Ich könnte hier eine seitenlange Liste mit Aktionen aufschreiben, die sich vermeintliche Freunde bei ihren Freunden geleistet haben, ich hab mich mal im Bekanntenkreis umgehört. Das Gute daran ist: Ich bin nicht alleine. Diese Freundesdeppen gibt es überall.

Deswegen liste ich hier mal die schönsten Freundschaftssprüche auf, tadaaa:

- ✘ »Ich hätte gern die hundert Euro zurück, die ich dir geliehen habe.« – »Du, das geht nicht, ich wollte heute Abend meine Freundin zum Essen einladen.«
- ✘ »Ach, du nimmst gerade ab? Aha. Wieso denn? Die Figur passt doch zu dir. Ich finde, du solltest einen Burger mit Pommes essen. Man lebt nur einmal.« (Sie selbst bestellt natürlich nur Salat.)
- ✘ »Also früher warst du nicht so. Was ist denn los? Was ist denn bitte daran so schlimm, mich zum Flughafen zu fah-

ren?« – »Es ist um halb vier. Morgens.« – »Ja und? Früher warst du nicht so.«

- ✘ »Das ist doch nur eine kleine Delle, ist mir beim Rückwärtsfahren passiert. Dein Auto ist halt auch schon älter.« (Als ob das alles rechtfertigen würde.)
- ✘ »Kann ich bitte die Tupperschüsseln wiederhaben, die ich dir ausgeliehen habe?« – »Nee du, die brauch ich wirklich selber. Die sind teuer.«(!)
- ✘ »Wir werden doch so oft von Mücken gestochen, jetzt hab ich so ein Wundermittel, das funktioniert super.« – »Stimmt, deine Frau wird ja auch immer von den Biestern angefallen. Wirkt es bei ihr auch?« Ungläubiger Blick: »Die kriegt das nicht. Weißt du, was das kostet?« (Die sind jetzt nicht mehr zusammen.)
- ✘ »Ganz ehrlich? Für wen willst du denn gut aussehen? Du bist fast 60! Da nützt doch gar nix mehr.«
- ✘ »Anne hat ganz schön abgenommen.« – »Ja, irgendwann muss man sich zwischen Kuh und Ziege entscheiden. Aber beides sieht bei ihr nicht gut aus.«
- ✘ »Mir ist deine Tortenplatte aus Meißner Porzellan runtergefallen. Aber das ist ja wohl nicht so schlimm, du wolltest ja eh weniger Kuchen essen.«

Ist das nicht reizend? Manchmal möchte man doch einfach draufhauen, oder?

Ich habe mittlerweile wenigstens den Mut, was zu sagen, habe ich früher auch nicht gemacht, man ist ja so harmoniesüchtig. Es liegt vielleicht am Alter, dass wir einfach mal zurückkoffern. Ich zumindest finde es gut, dass ich das mache und nicht mehr wie ein unterwürfiger Schlumpf alles mit mir anstellen lasse.

Mir fällt gerade noch eine Geschichte ein. Ich war 14 Jahre alt und wurde von einer Klassenkameradin gefragt, ob ich drei Wochen mit ihr und ihren Eltern nach Ungarn an den Plattensee fahre.

»Das ist sooo toll da, echt! Das wird sooo toll, wenn du mitkommst.«

Nun, es wurde mit den Eltern gesprochen und alle waren einverstanden und so fuhr ich eines Tages mit der Freundin und ihren Eltern im Auto los nach Ungarn. Der Vater, das muss man dazu sagen, war begeisterter Hobby-Ornithologe und wollte am Balaton die Vögel auch beobachten. Ich dachte mir nichts dabei. Sollte er halt Vögel beobachten. Dann die Fahrt.

Es fing schon damit an, dass der Vater wie ein Schlot rauchte. Die eine Zigarette kaum aus, die nächste an. Unerträglich. Die Fenster durften nicht geöffnet werden, dann bekam Mutti Zug. Und wir würden gar nicht wissen, wie sich diese Nackenschmerzen anfühlen.

Aber wir wussten, wie der Gestank der Zigaretten roch, der sich im VW Käfer wie ein dichter Nebel ausbreitete. Mir war so schlecht. Und wir waren gerade mal 50 Kilometer gefahren und hatten noch circa 1000 Kilometer vor uns.

Der Vater fuhr tatsächlich 14 Stunden durch, wir schliefen unangeschnallt auf den Rücksitzen, eingenebelt vom Qualm der Gauloises, die zu Hunderten geraucht wurden. Der Aschenbecher wurde während der Fahrt aus dem Fenster geleert, eine Tatsache, die ich damals schon grenzwertig fand. Aber ich habe nichts gesagt.

Wir kamen ohne Zwischenfälle in Ungarn an und der Vater tauschte erst mal Geld um, dann ging es weiter zu unserer Unterkunft.

Gut möglich, dass ich zu anspruchsvoll war damals, aber ich hatte damit gerechnet, dass wir in einer Ferienwohnung unterkommen würden, möglicherweise sogar mit einem Zimmer für mich und die Freundin allein. Man wird ja noch träumen dürfen.

Wir hielten vor einem großen, schmucklosen, grauen Gebäude, das mich ein wenig an ein Gefängnis erinnerte.

Es war eine Art Jugendherberge.

Es gab Schlafsäle für 40 Leute. Gemischt. Männer und Frauen. Es gab Stockbetten und ein Bad mit Sammeldusche und Klo nebenan. Ich bekam sofort Darmverschluss. Niemals würde ich hier aufs Klo gehen können, wenn das andere hören.

Ich sah meine Freundin an. »Toll, oder?«, fragte sie fröhlich.

Nein, ich fand es nicht toll.

Ich ärgerte mich, dass ich vorher nicht nach der Art der Unterkunft gefragt hatte. Dann wäre ich bestimmt nicht mitgekommen, na ja, vielleicht doch. Ich Trottel.

Aber es kam noch besser.

»Wir stehen um halb drei auf, um frühzeitig mit den Beobachtungen zu beginnen.«

»Welche Beobachtungen?«, fragte ich verwirrt.

»Na, ihr müsst mir doch helfen. Ich hab das Tonbandgerät dabei und die Bücher und das Fernglas und das Stativ und den Fotoapparat und so weiter.«

WAS? Ich schaute meine Freundin an.

»Toll, oder?«

Nee, das war nicht toll, und das sagte ich ihr auch, als wir alleine waren.

»Sei doch nicht so. Das kann doch lustig sein.«

»Bestimmt nicht. Ich dachte, wir gehen schwimmen und sonnen uns und so.«

»Können wir ja nachmittags. Komm, nun sei doch nicht so. Freu dich doch, dass wir das zusammen machen alles.«

»Aha.« Plötzlich wurde mir einiges klar. »Du hast mich nur gefragt, ob ich mitkomme, weil du nicht alleine an diesen See fahren wolltest.«

Sie sah schuldbewusst aus, sagte aber lahm: »Quatsch mit Soße.«

»Das finde ich nicht gerade toll.«

»Och komm jetzt ...«

Nee, neeeeeee! Am liebsten wäre ich nach Hause gefahren. Drei Wochen lang um halb drei aufstehen, schönen Dank auch.

Es war schrecklich. Allein abends in diesem Schlafsaal mit den anderen Vogelfreaks. Und im Übrigen nur drei andere Frauen und keine anderen Kinder. Nur wir.

Nachts schnarchten und furzten die Männer und ich lag Ewigkeiten wach, auch weil ich Hunger hatte, denn es gab nur Dosensuppe mit ein bisschen Weißbrot.

Der Vater meiner Freundin war sehr sparsam.

Und dann immer um halb drei raus aus den Federn. An vielen Tagen regnete es. Mein durchschnittlicher Urlaubstag sah so aus:

3.30 Aufstehen, Weißbrot mit Marmelade

4.00 Packen der Sachen (die sehr schwer waren) und Abmarsch in die Vogelwelt.

4–10 Uhr Tschilp, tschilp, ach, das ist bestimmt ein Soundso, oh, hört ihr, das ist bestimmt ein Soundso. Hast du das aufgenommen? Ach wie herrlich.

11 Uhr Rückkehr in die Herberge

11.30 bis 13 Uhr musste alles gesichtet werden und verglichen mit Schallplattenaufnahmen

13.00 Dosensüpplein

Und dann konnten wir an den Strand gehen, was oft sinnlos war, weil es regnete, außerdem waren wir todmüde und entweder haben wir am Strand auf Handtüchern geschlafen oder in dem entsetzlichen Schlafsaal. Abends dann saß man mit den anderen Hobby-Ornithologen zusammen und tauschte sich aus, wieder wurden Schallplatten gehört und man besah Fotoalben mit Vogelfotos, was viele in Entzücken geraten ließ.

Ich war stinksauer auf meine »Freundin« und redete nur noch das Nötigste mit ihr.

Zwischendurch überlegte ich ernsthaft, nach Hause zu fahren, aber meine Eltern waren mit den Geschwistern im Urlaub in Dänemark, und alleine durfte ich bestimmt nicht zurückreisen, außerdem gab es in dem Ferienhaus auf Fanö kein Telefon. Es war zum Mäusemelken.

Ich hielt diese drei Wochen tatsächlich durch und habe aber währenddessen schon die Freundschaft zu meiner Klassenkameradin beendet.

Ich fand das total unfair und asozial, jemanden nur mit in den Urlaub zu nehmen, damit man die langweiligste Zeit überhaupt nicht alleine verbringen musste. Und einem vorher nichts zu erzählen war auch nicht korrekt.

So viel dazu! Gibt es halt auch, so was.

Wo waren wir?

Es gibt nun mal diese Spezies Mensch, die es nicht ertragen kann, dass andere vermeintlich besser sind als sie. Sie brauchen immer jemanden unter sich, damit sie nach unten treten können, ja, ich wiederhole mich. Es ist aber wichtig!

Für mich heißt hier der goldene Mittelweg: Abstand. Man soll mich bitte vor diesen Menschen verschonen. Und wenn ich ihnen dennoch begegne, halte ich mich nicht in ihrer Nähe auf, sondern trinke mit netten Menschen einen Wein. Die gibt es nämlich auch.

Nette Menschen erkennt man unter anderem daran:

- Sie interessieren sich für dich und nicht nur für sich, sie fragen auch im Gespräch nach.

- Man fühlt sich schlicht und ergreifend wohl in ihrer Gesellschaft.

- Das, was sie erzählen, ist interessant.

- Sie hören gut zu, und damit meine ich, dass sie wirklich zuhören und nicht in der Gegend rumglotzen, wenn wir gerade sprechen. Ich mag das gar nicht, dieses Gucken, ob es woanders interessanter ist.

- Sie können sich freuen.

- Es ist übrigens unglaublich befreiend, sich von den falschen Freunden zu trennen. Es ist, als würde man in einem Heißluftballon nach oben fahren und Sandsäcke runterschmeißen. Auf die falschen Freunde drauf.

Nein zu Enkelkindern?

Dies ist nur ein kleines Kapitel, aber wichtig: Also zu mir kommen meine Enkelkinder erst, wenn sie keine Windel mehr brauchen, und ein Babysitter mit Dauernotruftaste bin ich auch nicht, damit das mal klar ist! – Hm, das waren meine Worte, aber ich habe daraus gelernt: Man muss auch mal einsehen, dass man Mist geredet hat.

Nein, ich habe noch keine Enkelkinder. Und das macht mich rasend. Niemals in meinem Leben hätte ich gedacht, dass ich mich mal so auf etwas freuen, es mir so sehr wünschen würde. Ja, Enkel.

In unserem Freundeskreis werden wie verrückt Enkelkinder geboren, nur mein Sohn und seine Freundin, die lassen sich Zeit. Wenn ich die ganzen Fotos dieser kleinen Würmer sehe, geht mir das Herz auf. Wenn diese kleinen lachenden Gesichter einen anstrahlen, will ich unbedingt auch ein Enkelkind.

Noch vor gar nicht allzu langer Zeit war das ganz anders. Was hab ich herumgetönt. Auf gar keinen Fall werde ich ein Babysitter sein, wo kommen wir denn hin, also so was, und erst wenn das Kind trocken ist und laufen kann und erwachsen ist und sprechen kann und zur Schule geht und studiert und selbst Kinder hat, erst dann darf es zu uns kommen, aber natürlich ist das mein Ernst, mein voller Ernst sogar, unglaublich, was manche Großeltern sich antun und sich selbst aufgeben und die Enkelkinder beglucken, unfassbar, dass da die Enkel fast jedes Wochenende bei denen sind, die haben doch gar kein eigenes Leben mehr und überhaupt! Uff!

Ja, so habe ich gesprochen.

Dann kamen also im Bekannten- und Familienkreis die ersten Enkelkinder und ich hatte plötzlich dieses seltsame Gefühl, das ich zum letzten Mail mit 13 hatte, als Marcus mit Annette zu *Poor Man's Moody Blues* Stehblues getanzt hat und nicht mit mir: Eifersucht. Ich war eifersüchtig auf die ganzen Großeltern der ganzen Finns und Lenas, auf Emily und Jonathan, auf Paul, Theo und Charlotte.

»Wir wollen erst noch ein bisschen reisen und so«, erklärte mir mein Sohn auf bohrende Nachfrage.

Aha. Wie lange er denn zu reisen gedenke?

Das wissen sie noch nicht, sagte er. Außerdem sei das ja *ihre* Sache.

Wie bitte? So redet mein Sohn mit *mir*, seiner Mutter, die ihm beigebracht hat, einen *Löffel* zu halten!

Man wird ja wohl ein bisschen Rücksicht erwarten können.

Während die ganzen Enkelkinder bei ihren Großeltern waren und ich manchmal auch, meldete ich mich wie ein Masochist bei lauter Newslettern an. Petit Bateau, Oilily und Laura Ashley hat einige Mädchenkleider im Sortiment, da möchte man hineinkriechen in den Monitor und die Kleider rausreißen.

Nun bekomme ich täglich von ungefähr zehn Kindermodenherstellern Newsletter und Sonderangebote geschickt und – nun kommt es raus – ich habe auch schon Kleidung bestellt für die Zukunfts-Enkelkinder. Die hüte ich wie den Heiligen Gral. Man kann sich ja nicht vorstellen, wie süß so ein Matrosenanzug an meinem Enkel aussehen wird. Und dann diese Kleider und die Jacken und die Höschen und die Schuuuuuuuuheeeee!

Nachts träume ich hin und wieder von einem rosenbedruckten Kattunkleidchen und von einem Blumenkranz, den ich für meine Enkeltochter in spe gebastelt habe und ihr auf die dunkelbraunen Löckchen (natürlich hat sie meine Haarfarbe und auch braune Augen) setze, dann tanzen wir gemeinsam durch einen Garten, in dem die Vögel zwitschern, und ich setze sie in eine Schaukel, die aus lauter Blumengirlanden besteht, und dann wache ich auf und rufe meinen Sohn an.

»Was ist denn jetzt mit Enkeln?«

»*Mama, es ist vier Uhr morgens.*«

Mittlerweile schalten sie das Telefon nach 22 Uhr aus, um der stalkenden Mutter zu entgehen.

Um mitreden zu können, habe ich schon Malbücher gekauft und weiß, welche Musik gerade bei den Kleinen in ist. »Aramsamsam, guli guli guli« von »Die Kita-Frösche und Simone« steht gerade hoch im Kurs. Was das Lied bedeutet? Es hat irgendwas mit Marokko zu tun und guli heißt: Sag es mir. Mehr weiß ich nicht und mehr muss ich auch nicht wissen. Wenn dieses Buch erscheint, ist sowieso wieder was anderes angesagt. Als mein Sohn klein war, gab es die Bino-Maus. Kennt heute auch kein Mensch mehr.

Meine Kopfbilder lassen sich nicht mehr verdrängen. Der kleine Vincent und die kleine Valerie auf meinem Arm, lächelnd, bei Sonnenuntergang. Die stolze Großmutter vor Glück gebeutelt.

Die ersten Schrittchen. Das erste Mal »Oma«. O Gott, bitte mach, dass es bald so weit ist.

Und nein, ich will die Enkel nicht erst dann haben, wenn sie sprechen können, ich will sie jetzt, sofort, auf der Stelle. Was kümmert mich mein Geschwätz von gestern.

Ich will das volle Programm, keinen goldenen Mittelweg mit sauber werden und sprechen. Her damit!

Gut, dass das mal gesagt werden konnte.

Wie sehr ich mich auf Folgendes freue:

KAPITEL 2 AUSSENLEBEN – INNENLEBEN

»So geht es uns bei Oma und Opa!«

Wir dürfen bei Oma und Opa so lange aufbleiben, wie wir wollen, und machen auch eine Nachtwanderung.

Wir machen mit Oma Popcorn im offenen Topf!

Wir machen Bingewatching mit Opa, bis uns die Augen bluten!

So viel Eis essen, bis wir nicht mehr können!

Niemand macht besseren Pudding als Oma. Wir wollen aber auch Fischstäbchen und ganz viele Pommes.

Wir gehen mit Oma und Opa segeln und die sagen nicht dauernd »Pass auf, pass auf!«

Wir fühlen uns bedingungslos geliebt!

Wir können Oma und Opa jede Frage stellen und sie sind nie genervt und sagen auch nie: »Das verstehst du noch nicht!«

Ja, genau so ist es.
Und es soll bitte bald beginnen.
Danke!

Wir gehen in uns

So. Nun räumen wir mal auf. Und gucken mal, was richtig und was falsch an uns ist – und an den anderen. Man muss auch einfach mal ehrlich sein!

Das Gute am Älterwerden, und das Charmante noch dazu, ist die Tatsache, dass man sich nichts mehr beweisen muss. Soll nicht heißen, dass wir uns gehen lassen, aber wir legen nicht mehr diesen überflüssigen Ehrgeiz an den Tag, alles noch besser und noch besser machen und erledigen zu können.

Wenn dann erst mal die Enkelkinder da sind, sieht die Sache wieder ganz anders aus, dann wird Oma tolle Kuchen backen und auf Fußballplätzen im Regen stehen, natürlich am Sonntagmorgen um sechs. Dann ist ja sowieso alles anders und wunderbar.

Gehen wir momentan aber davon aus, dass wir noch ohne Enkel unser Dasein fristen.

Eine Freundin hat mir gesagt, ich solle mal eine Liste machen mit Eigenschaften/Dingen, die mich am meisten an anderen stören, und dann eine, auf der steht, was mich an mir selbst am meisten stört. Ich dachte erst: Was soll mich denn an mir selbst stören?, doch die Liste hatte letztendlich durchaus ihre Daseinsberechtigung. Außerdem mag ich Listen sehr.

Also erstellte ich diese beiden Listen, um mal zu gucken, was in meinem Leben ich ändern sollte.

Zuerst die Liste, was mich an mir selbst stört:
→ Nicht immer nur Ja sagen, aber auch nicht immer nur Nein. Man sollte einen goldenen Mittelweg finden und genau hinschauen: Werde ich ausgenutzt? Wenn ich XY

Sonntagmorgen um halb fünf zum Flughafen fahren soll, obwohl die sich ein Taxi leisten könnten, ist das – finde ich – grenzwertig. Anders sieht es bei Freunden aus, die's nicht so dicke haben, mit drei Kindern einmal alle zwei Jahre verreisen und für die es lange spürbar wäre, wenn sie mit dem Taxi fahren müssten.

→ Hilfsbereitschaft also ja, aber auch Grenzen setzen. Es schreibt sich so leicht, dieses Grenzensetzen, aber es ist eine Tatsache, dass es für manche Menschen leichter und für andere schwerer ist, welche aufzuziehen. Männer können das besser, wahrscheinlich liegt es an der Erziehung, Mädchen müssen ja immer brav sein und alles schön machen! Das ist noch von früheren Jahren in uns drin.

→ Man sollte nicht aufrechnen, aber auch schauen, dass es nicht alles zu einseitig ist. Gerade wir Frauen neigen wie gesagt dazu, immer zu helfen. Irgendwann wird's ungesund.

→ Sagen, wenn einen etwas stört. Zum Beispiel im Restaurant: »Ich möchte nicht, dass wir durch sechs teilen, ich hatte nur einen Salat.« Und die anderen Filetsteak und Seeteufel, dazu natürlich wunderbare Weine, ich nur ein Glas Coke Zero, weil ich alle anderen natürlich noch nach Hause fahren muss, womit wir beim nächsten und beim übernächsten Punkt wären.

Diese Liste ist Gold wert, man darf es mir glauben!

Dann: Was stört mich an den anderen? Und zugleich: Meine besten Gegenstrategien!

✘ Das Erste, was mir einfällt, ist diese Selbstverständlichkeit, mit der Menschen etwas fordern oder erwarten. »Du fährst ja wieder.« Keine Frage, sondern eine Feststellung. »Du machst ja wieder einen New York Cheesecake.«, »Du hast ja Zeit.« Wieso denken eigentlich alle immer, dass man unbegrenzt Zeit hat als Freiberufler? Ich sitze wie Frau Schulz auf dem Finanzamt um neun Uhr vorm Rechner und arbeite, aber Schreiben ist ja auch keine Arbeit, wie wir wissen, das ist ja alles Hobby und wenn nix mehr geht, schreibste auch ein Buch, ist klar. Hatten wir ja schon, das Thema.

🐧 Deswegen sage ich: Stopp. Selbst wenn ich zufällig Zeit habe, heißt das nicht, dass ich diese Zeit für jemand anderen verwenden muss. Man kann mit seiner Zeit wunderbare Dinge anstellen: in der Badewanne liegen und ein Glas *Mouton Cadet* trinken. Auf dem Sofa herumlümmeln und *Fackeln im Sturm* gucken. Sich sein Lieblingsgericht mit ein paar Kohlenhydraten zubereiten. Zur Kosmetikerin gehen. Zur Ganzkörpermassage (ist so wunderbar!).

🐧 Wenn jemand Hilfe braucht, nicht automatisch Hier schreien. Es gibt auch noch andere im Freundeskreis.

🐧 Auch hier gilt: Mittelweg finden. Och nö, ist zu anstrengend? Nee, anstrengend wird es, wenn alles so bleibt. Und: Wie schön ist es, mal Grenzen zu setzen. Ganz neues Gefühl.

Dann wird man irgendwann diese Sätze überhaupt nicht mehr hören! Diese Sätze hier:

✘ Du kannst doch …
✘ Du machst doch …
✘ Kannst du …
✘ Machst du …
✘ Hast du …
✘ Können wir …

Ist das nicht schön?

Eine andere Unart mancher Menschen ist das »Krieg ich?«-Syndrom. Dieses Syndrom tritt bei Menschen auf, die angeblich an chronischem Geldmangel leider oder aber »heute kein Portemonnaie dabeihaben«. Es gibt sie wie die Perlen-Paulas: überall. Bei mir tauchten diese Menschen erstmals in der Schulzeit auf. Die Krieg-ichs haben einen Lieblingssatz: »Kriiiiiegiiiiiich?«

Hat man also ein Pausenbrot mit Leberpastete dabei, dann noch eine Mandarine und zwei Knoppers, kommt der Kriegich an und fordert lautstark: »Kriiiiiegiiiiiich?«, er/sie hält die Hand auf und will essen. Natürlich ist man gut erzogen, hat gelernt zu teilen und kann dies jetzt zum ersten Mal umsetzen, dem armen Krieg-ich also was zu essen geben, weil der Kriegich sein Brot vergessen oder die Mama ihm keins geschmiert hat oder weil er einfach Hunger hat. Wir geben also unser Pastetenbrot dem armen Krieg-ich und haben dann noch Hunger, weil wir auch die Mandarine teilen und ihm ein Knoppers schenken. Nun haben wir noch Hunger, aber wir haben geteilt.

Und der Krieg-ich? Er schleicht sich an die nächsten Opfer ran. Oh, eine Brezel mit Camembert! »Kriiiiiegiiiiiich?« Klar. So geht das weiter.

Ist man fertig mit der Schule, hat man vielleicht gelernt, sich gegen die Krieg-ichs durchzusetzen, aber die werden auch erwachsen und immer schlimmer.

Wenn unsere Clique abends zusammensaß, kam immer einer auf die Idee, Pizza oder ein halbes Hähnchen und Pommes mit Jägersoße vom Wienerwald zu holen. Gesagt, getan. Natürlich hatte sich auch hier ein Krieg-ich eingenistet, der nie bestellt hat. »Kein Hunger.« Der Standardsatz.

Kaum waren die Pizzen oder die Hähnchen da, ging es los. Von jedem ein Stück. Fazit: Der oder die Krieg-ich hatte insgesamt mehr Stücke Pizza als der jeweilige Pizzabesitzer. Und er hatte mehr Pommes mit Soße und ein Viertel halbes Hähnchen. So schlumpfen die sich durchs Leben.

Während meiner Radiozeit hatten wir ein Foyer, in dem wir uns immer zum Rauchen trafen. Natürlich kam es vor und war auch ganz normal, dass mal jemand keine Zigaretten mehr hatte. Aber wir hatten einen Kollegen, und zwar einen aus der Führungsriege, der grundsätzlich geschnorrt hat. Aber so richtig heftig. Er fragte nicht, sondern nahm sich einfach: »Ich klau mir mal eine.« Gern bei Praktikanten, die wenig Geld hatten und die sich nicht getraut haben, was zu sagen.

Glücklicherweise hab ich da mal meinen Mund aufgemacht und ihm gesagt, dass das so überhaupt nicht geht. Vor allen anderen hab ich das gesagt. Das wirkt immer. Am nächsten Tag brachte er den ganzen Praktikanten Zigaretten mit. Mir natürlich nicht, warum auch?

Dann, auch sehr beliebt: der Krieg-ich im Restaurant. Bestellt sich was Teures, dann: »Ach, könnt ihr für mich mitbezahlen, hab kein Geld dabei.« Damals hatte man noch keine EC-Karten oder nur vereinzelt, der Krieg-ich jedenfalls hatte keine. Und dann wird natürlich nie gefragt, wie viel wer zurückbekommt.

Ich mag die Krieg-ichs nicht. Sie sind mir unsympathisch. Ich gebe jedem mein letztes Hemd, aber so ein kalkuliertes Schnorren, das gehört sich einfach nicht. Ich finde: Das goldene Mittelmaß ist hier, sich wirklich aufzuschreiben, was der Krieg-ich einem schuldet, und das dann auch bestimmt einzufordern. Natürlich wird der Krieg-ich die Augenbrauen hochziehen und so tun, als würden wir ihn bestehlen, aber irgendwann wird er's kapieren. Ansonsten gilt: auflaufen lassen. Und falls daran die Freundschaft zerbricht: tja. Darauf kann man auch verzichten, oder? Ich wette, jeder hat so einen Krieg-ich im Bekannten- oder Freundeskreis, und jeder hat irgend so eine Geschichte parat.

Und jeder sollte solchen Leuten mal ernsthaft ins Gewissen reden. Freundlich, aber bestimmt.

Wir müssen es ja nicht übertreiben. Nur mal so zeigen, was wir nicht machen wollen, und dann auch bitte nicht einknicken.

Sich selbst dabei beobachten. Wie viel ist gut, wie viel ist zu viel?

Das Schöne ist, und da spreche ich aus Erfahrung und ich möchte es noch 100-mal wiederholen, dass man sich gut fühlt, wenn man Grenzen absteckt. Das gibt einem auch einen guten Halt. Radikal sein ist Blödsinn. Finde ich.

Man sollte Unterschiede machen. Denn wenn jemand wirklich nicht viel Geld hat, kann man den oder die natürlich mal einladen, aber es sollte nicht zur Gewohnheit werden. Nicht selbstverständlich sollte es sein. Wertschätzung sollte da sein.

Ganz wichtig find ich, dass man auch erst mal sagt: »Ich denk drüber nach« oder »Ich überlege es mir.« Denn ich neige wie so viele Menschen zum Ich-mach-das-sofort-Sagen und manchmal ärgert man sich dann hinterher.

Was ich auch noch sagen möchte: Überlegt euch gut, ob ihr wirklich mit X und Y da und da hingehen wollt, ob ihr dem oder der irgendeinen Gefallen tun sollt, der mit Aufwand verbunden ist. Aus Erfahrung sage ich: Je näher dieser Termin rückt, desto weniger hat man Lust drauf. Ehrlich! Überlegt euch vorher, wie ihr euch an dem Tag fühlen werdet, wenn es so weit ist.

Ein Beispiel: Bekannte wollten unbedingt mal mit auf unser kleines Boot. Natürlich haben wir Ja gesagt, aber je näher dieser Termin kam, desto mehr sind mir die Umstände klar geworden, die auf uns zukommen würden. Das Boot ist einfach zu klein für vier Personen, man geht sich schnell auf den Sack. Es hat auch nur ein Klo, was bei zwei Personen schon manchmal zu wenig ist. Die Bekannten haben schon gesagt, dass sie seekrank werden und Vegetarier sind. Sie bringen auch noch ihren Hund mit. Das Wetter soll megaschlecht werden. Kurz gesagt: Das geht höchstwahrscheinlich alles in die Hose. Und das auch noch über ein verlängertes Wochenende.

Macht es nicht. Macht es einfach nicht. Es wird nicht schön, es wird scheiße.

Nichts ändern, um es zu ändern, das ist Quatsch. Einfach mal hingucken. Man kriegt ein Gespür dafür. Ehrlich. Einfach mal die Dinge von zwei Seiten betrachten.

Und nicht zu streng sein. Einfach mal bis zehn zählen, dann reagieren.

Denn man muss auch mal Wein sagen können, nicht wahr?

KAPITEL 3

Wechselleben

Widmen wir uns nun mal ein paar Themen,
die nerven können.
Die Wechselwirkungen der Wechseljahre!
Schlechtes Hören.
Zu dicke Füße, verdammt noch mal,
wo gibt's gute Schuhe?
Und dann üben wir mal das Neinsagen!
Das kriegen wir nämlich auch hin!

Ganz schön warm hier und wie man sich mit den Wechseljahren so halbwegs versöhnt

Die dämlichste Erfindung, seit es Frauen gibt: das Klimakterium. Dennoch fang ich mit etwas Positivem an: Das einzig Gute an den Wechseljahren – ja, tatsächlich gibt es da was – ist die Tatsache, dass die monatliche Regel irgendwann ganz, also total, also für immer, ausbleibt. Natürlich wäre es zu einfach, wenn der Körper einfach beschließen würde, dass es jetzt mal gut ist, aber wie so vieles im Körper einer Frau ist das ein schleichender Prozess, der viele unschöne Überraschungen mit sich bringt, denn die Regel hält sich an keine Regeln mehr. Sie kommt und geht, wann sie will, man kann sich auf nichts verlassen. Wir hatten sieben Wochen lang keine, dann kommt sie zurück wie ein Tsunami, während wir beim Friseur hocken oder an einer Kasse stehen.

Das ist nicht das einzige Manko: Die blöden Hitzewallungen, die dämlichen Stimmungsschwankungen, die doofen Haare, die oben immer dünner und im Gesicht immer mehr werden, dauernd ist man müde und dauernd ist irgendwas anderes. Und keiner dankt es einem. Mein Mann sagte mal: »Du stellst dich an« zu mir und kann froh sein, dass er seine Zähne noch hat. Derselbe Mann hat übrigens nach einer Zahnreinigung »ohne Betäubung« gesagt: »Jetzt weiß ich, wie sich Geburtswehen anfühlen.« So ein Single-Leben hat durchaus doch Vorteile.

So. Wir wissen also, was auf uns zukommen wird, nur nicht, in welchem Ausmaß. Völlig wunderbar für einige Frauen ist die Tatsache: »An mir sind die Wechseljahre spurlos vorbeigegangen.« Da ich persönlich aber nur Frauen kenne, die entweder »irgendwie schon immer« oder »ich werde nächstes Jahr siebzig und bin immer noch im Wechsel« sind, lasse ich diese Minderheit der Spurlosen jetzt mal außer Acht. Das ist auch diese Minderheit, die »vom Stillen automatisch abnehmen« und »ich brauche keine Rückbildungsgymnastik und kein Bauchtraining, warum denn, ich hab ja während der Schwangerschaft drei Kilo abgenommen« und »eine natürliche Essbremse« haben. Ich hasse sie.

Was also sollen wir tun gegen diese böse Laune der Natur? Fassen wir mal die Tatsachen zusammen und was man so tun kann oder auch nicht:

- Nicht hadern, akzeptieren, dass es nun mal so ist, wie es ist. Dieses dämliche: Ach, wenn das nicht wäre. Blabla. Ist aber nun mal so. Also: Fakt ist, es gibt sie, die Wechseljahre. Ein komisches Wort. Als würde man sich häuten oder so. Wie eine Schlange. Übrigens wusste ich gar nicht, dass sich auch Schildkröten, Skorpione und Spinnen häuten. Und sich dann wie ausgewechselt fühlen.
- Sich einen antiken Fächer mit echten Straußenfedern zulegen und wie eine Grande Dame oder die Granny aus Downton Abbey benutzen. Gern bei einem Tee und/oder Gin und/oder Sherry. Falls jemand wegen der Federn meckern sollte: Der Strauß ist schon lange nicht mehr unter uns, denn der Fächer ist ja antik. Fertig.
- Sich einen Teufel um die anderen Leute scheren. Ich weiß, es ist ein bisschen doof, im Rewe zu stehen und loszuplärren, weil es keine geräucherte Putenbrust gibt oder die Frau da hinter uns an uns vorbei will, aber egal. Ist halt so. Gern zu den anderen (auch Männern) sagen: »Kommen Sie erst mal in die Pubertät.«

🐧 Versuchen, das Ganze mit Galgenhumor zu sehen. Man kann es doch sowieso nicht ändern.

So. Und wie sieht das nun im Alltag aus?

Fangen wir mal mit dem Anfang an: Irgendwann also, bei mir ab Anfang 50, ist da irgendwas anders. Es fängt damit an, dass man plötzlich schwitzt oder friert oder, was auch durchaus möglich sein kann, beides, und erst denkt man: Ach, hab ich mich erkältet, obwohl Sommer ist, und dann muss man aber gar nicht niesen, aber das Schwitzen und Frieren, das bleibt. Ja, letztendlich kommt auch die Letzte drauf: Oh, hallo, aber wie jetzt – sind das etwa beginnende Wechseljahre?

Ich bin volle Kanne reingerasselt. Bei mir muss leider immer alles sehr extrem zugehen. Egal ob es Beziehungen waren, die Geburt meines Sohnes oder eben das Klimakterium. Es gibt ja Frauen, die gucken einen an und sagen: »Also ich weiß gar nicht, was ihr habt, ich spüre gar nichts.«

Ich hingegen spürte alles. Die größte Panik hatte ich – und da bin ich nicht alleine – davor, dass ich plötzlich so gut wie keine Haare mehr haben könnte, das ist glücklicherweise nicht eingetreten. Ich kenne entsetzliche Geschichten von Frauen, die plötzlich Vollbärte bekommen haben und Beine hatten wie ein Friesenhengst. Wahrscheinlich alles übertrieben, aber Angst kriegt man da doch.

So. Die Wechseljahre fingen an. Weil man ja auch hin und wieder Wein sagen soll, habe ich mir erst mal einen eingegossen und in Ruhe getrunken. Dann habe ich beschlossen, einen Plan zu machen, einen Plan dafür, möglichst unbeschadet und in einem wundervollen goldenen Mittelweg aus der Misere rauszukommen.

Während ich diesen Plan erstellte, tropfte mir von einer Sekunde auf die andere der Schweiß von der Stirn auf das Papier, obwohl ich gar nicht Laufen war. Ich wischte den Schweiß weg und dachte: Na ja, also wenn es sonst nix ist, was haben die denn alle? So ein bisschen Schweiß ist ja wohl nicht schlimm.

Es tropfte aber immer weiter. Nach einer Stunde auch noch. Nach zwei ebenfalls. Ich mache es kurz: Es hörte nicht mehr auf. Es war, als sei in mir ein Wasserrohrbruch losgebrochen, und kein Klempner war in der Nähe.

Das war ja furchtbar. Glücklicherweise war ich zu Hause und nicht irgendwo unterwegs (das kam auch noch), und ich bin erst mal unter die Dusche gegangen und dachte, das Wasser würde schon laufen, als ich es noch gar nicht angestellt hatte. Mein ganzer Körper war wie ein Zimmerbrunnen, aus dem das Wasser sprudelte. Ich duschte, dann trocknete ich mich ab, und dann plötzlich: war es eiskalt. Es war sooo kalt, dass ich sofort wieder unter die Dusche gegangen bin, um das heiße Wasser beinahe bis zum Anschlag aufzudrehen.

Und so verbrachte ich den Vormittag. Unter der Dusche. Abtrocknend im Bad. Schwitzend. Frierend. Wieder unter die Dusche. Abtrocknen. Puh, scheiße, ist das kalt. Es war ein Wechselbad der Gefühle.

So also begannen meine Wechseljahre.

Und da bei mir alles, wirklich alles extrem ist (andere haben Arthrose an nur einer Stelle im Körper, ich quasi überall), waren bei mir auch die Wechseljahre extrem. Während ich das hier schreibe, frohlocke ich. Denn: Seit gestern Abend nehme ich keine Hormone mehr. Meine Gynäkologin meinte, der »Zirkus ist jetzt vorbei, deine Eierstöcke sind quasi verschwunden«. Nun lausche ich die ganze Zeit in mich hinein.

Ist da doch noch was? Kommt da wieder was angekrochen? Nun, momentan bin ich guter Dinge, aber wie gesagt, seit gestern ist es so, dass ...

Aber davon will ich gar nicht berichten, ich möchte von der Zeit des bestehenden Klimakteriums sprechen. Eine Zeit voller Tiefen (nein, keine Höhen), denn: Man hat ständig Angst, dass etwas Unvorhergesehenes passiert. Wasserrohrbruch. Kälteeinbruch. Weinkrampf.

Zum Letzteren, das hatte ich noch gar nicht richtig ausgeführt: Es ist in den Wechseljahren bei vielen Frauen so (natürlich nicht bei allen, aber warum sollte ich zu den wenigen gehören?), dass man, in diesem Fall ich, sehr nah am Wasser gebaut ist. Bei der kleinsten Unregelmäßigkeit im Leben (keine Buttermilch im Kühlschrank, Bonsai verliert mehr Blätter als sonst) dreht man plötzlich am Rad, stellt alles infrage, heult einfach los, obwohl man einfach losgehen und Buttermilch kaufen und den Bonsai gießen könnte. Bei mir war das so dramatisch, dass mein Mann schon dachte, er sucht sich besser eine andere Frau, die mit den Wechseljahren schon durch ist. Ich meinte einmal (im Radio lief *Bright Eyes* von Art Garfunkel, ein Song, den ich schon ewig nicht gehört hatte, und der mich warum auch immer traurig stimmte) zu meinem Mann, weil er fragte, wieso ich heulte: »Dann such dir doch eine Jüngere!«, um dann weiterzuflennen. Er hatte offenbar schon darüber nachgedacht, denn er lehnte prompt ab: »Auf gar keinen Fall, die wird ja auch älter, dann hab ich den gleichen Salat noch mal.« Ich muss nicht extra betonen, dass der Tag für mich am Abend war.

Tipp: Alle wegschicken, allein sein ist hier das Beste, was einem passieren kann. Man muss sich nicht rechtfertigen, man muss keine Diskussionen führen, warum und weshalb es jetzt so ist, wie es ist, und wie gemein und überhaupt das Leben sich gestaltet. Ist doch alles Quatsch.

Man hadert mit sich, mit Putin, mit seinem Haaransatz, mit dem Anwohnerparken, man hadert mit der Tatsache, dass Spargel allein nicht schlimm ist, aber Sauce hollandaise, man hadert mit seiner Ehe, mit seiner Bettwäsche (mal zu dünn, mal zu dick) und man hadert damit, dass es anderen viiiiiiiel besser geht. Es ist zum Heulen.

Tipp: einfach hinnehmen. Heulen und gut. Geht vorbei.

Am schlimmsten sind die unvorhergesehenen Dinge, die passieren. Man will Rinderhüftsteaks kaufen und bekommt während der Bestellung eine Hitzewallung, der Schweiß spritzt aus den Poren und man hat das Gefühl, ein Hydrant zu sein. Dann die Blicke der Verkäuferin und der Kunden. Unbezahlbar. Eine Mischung aus Unglauben und »Oh Gott!«. Ich bin dann einfach weggelaufen, ganz schnell heim, um in Ruhe und alleine vor mich hinzugreinen. Das ist auch das, was ich empfehle: einfach gehen. Einfach weggehen.

Auch ganz furchtbar: Einladungen. Ganz schlimm ist es, wenn man in geschlossenen Räumen sitzt, die auch noch ungelüftet und furchtbar heiß sind. Da ist es vorprogrammiert, dass alles an einem klebt wie an einem Uhu-Stift. Für solche Fälle empfehle ich in der Tat einen Fächer. Hilft wirklich.

So. Und nun kommen wir mal zur Quintessenz des Ganzen: Wir sind in den Wechseljahren. Die sind teilweise wirklich doof. Belasten einen. Nerven. Man will, dass sie weggehen. Tun sie ja auch irgendwann.

Ich habe lange gesucht, bis ich meinen Mittelweg gefunden habe, letztendlich aber war es ganz einfach:

Ich bin so alt geworden, dass ich meine Wechseljahre noch erleben kann. Früher, als die Lebenserwartung noch geringer war, hat das kaum eine Frau erleben können. Also bin ich dankbar dafür, dass ich bis hierher gekommen bin. Denn anders wäre es auch nicht so prickelnd, denn dann wäre ich gar nicht mehr da. Versuchen wir also einfach, diese Zeit als eine wichtige Zeit zu sehen. Denn wir sind noch da. Nehmt halt Klamotten zum Wechseln mit, immer genügend Deo und feuchte Lappen in einer Ziplock-Tüte, verzichtet, auch wenn es schwerfällt, auf Mascara und Eyeliner, das geht nach hinten los. Habt Ersatz-Kontaktlinsen dabei. Und Nachbenetzungsflüssigkeit. Was für ein Wort.

Machen wir uns diese Jahre doch so einfach wie nur möglich. Gehen wir doch offen damit um. Erstens sind wir nicht alleine damit, zweitens sind wir mittlerweile in einem Alter, in dem wir ruhig solche Sachen ansprechen sollten. Warum sollte unsere Umwelt nicht wissen, was los ist? Ich finde es immer besser, so normal wie möglich mit Einschränkungen umzugehen. Ja, ja, diese Jahre sind ungerecht, es ist auch ungerecht, dass wir die Kinder kriegen und die Regel kriegen, und dass man da Schmerzen hat.

Wir können es aber nicht ändern. Wir können nur das Beste draus machen!

Mädels, setzt euch ruhig mal alleine hin, macht eine gute Flasche Wein auf, lasst den Rotwein atmen, dann gießt euch ein Glas ein und denkt darüber nach, dass es doch schön ist, noch auf der Welt zu sein! Nehmt einen Schluck, seid dankbar für euch und eure Lieben! Wenn ihr gesund seid, feiert das. Falls ihr nicht so gesund seid – denkt positiv, ich bin der festen Überzeugung, dass das auch hilft!

Versucht einfach, ein bisschen Wein zu sagen!

Meine Füße führen ein Eigenleben – ja und? Sei gut zu ihnen

Ja, ja. Das Leben verändert sich. Das Aussehen verändert sich. Auch das der Füße, so traurig das ist. Sie werden breiter, sie verformen sich, sie führen, kurz gesagt, ein Eigenleben, dem wir nicht gegensteuern können. Ich habe das ganze Programm: Meine Füße sind im Laufe der Zeit wie ein Hefeteilchen in die Breite gegangen, ich habe Arthrose in den Zehen und ein von Papa geerbtes Überbein, so ein blöder Knubbel, der ständig größer wird. Dummerweise ist dieser Knubbel direkt über dem linken großen Zeh, soll heißen, er ragt quasi in die Höhe und sämtliches Schuhwerk schubbert daran. Dann soll man da mal schöne Schuhe finden, mit denen man nicht noch mal zwanzig Jahre älter aussieht.

Denn, es ist leider eine Tatsache: Es gibt viele entsetzliche Schuhe. Ich frage mich immer, wo die Menschen, die diese Schuhe designen, leben. Wo wohnen die? Wie kommen die darauf, dass schlammfarbene (ich rede *nicht* von taupe) Schuhe mit Löchern an der Seite (Damit Luft an den Fuß kommt? Warum soll denn Luft an den Fuß kommen???), und das alles in einer unmöglichen Schuhform, gut aussehen? Nein, die sehen nicht gut aus. Ich muss, wenn ich diese Schuhe sehe, an Leute denken, die immer beige Funktionswesten tragen, und an Männer mit einer Bauchtasche und/oder einem Brustbeutel, so wie ich ihn als Zehnjährige auf der Klassenfahrt umhatte. Diese Menschen haben praktische Kurzhaarschnitte, färben natürlich nicht und tragen Brille. Keine Ahnung, ob sie Kontaktlinsen als etwas Verwerfliches ansehen, jedenfalls tragen sie alle Brille und ihre Gesichtshaut ist gut durchblutet. Sie sprechen viel über Rohkost und haben gern mal Hobbys wie Ornithologie oder sie bestimmen Käferarten und Losungen von wild lebenden Tieren. Warum ich meine, das zu wissen?

Nun war es so weit. Ich brauchte Schuhe, denn man nimmt, es ist tragisch, auch an den Füßen zu, was natürlich auch etwas mit dem Gewicht zu tun hat. Es ist zum Heulen. Davon abgesehen werden Füße auch so im Alter breiter, auch das ist tragisch, denn was soll man denn mit all den wunderbaren Schuhen machen, die man besitzt? Ich war nie ein Schuhfreak, aber habe trotzdem gern welche gekauft. Ein Paar sogar von Louboutin. Ich mag gar nicht mehr daran denken, was die gekostet haben.

Fassen wir vorab zusammen:

Menschen mit Problemfüßen, die zu breit und/oder zu dick sind oder solche Knubbel geerbt oder das Arthrose-Alter erreicht haben, stehen oft vor einer täglichen Herausforderung, die es in sich hat, auch wenn ich jetzt schon höre: Also die haben Probleme! Ja, haben sie auch. Ich finde ja, jedes Problem sollte ernst genommen werden, denn die Menschen sind nun mal individuell. Also, es ist eine tragische Tatsache: Passende und bequeme Schuhe zu finden kann zu einem Gang nach Canossa werden. Das ist deprimierend, das schwächt Selbstwert und Selbstbewusstsein, ich weiß, wovon ich spreche.

Für uns arme Tropfen nämlich mit besonderen Füßen ist der Gang ins Schuhgeschäft total frustrierend, und ich weiß auch, warum: Die meisten »normalen« Schuhe sind auf Standardgrößen und -formen ausgelegt, die nicht für jede Fußform geeignet sind. Ach was! Und das führt dazu, dass viele Schuhe entweder zu eng sitzen, wehtun oder Blasen oder Druckstellen verursachen. Was ich an dieser Sache nicht verstehe, ist: Warum ist das so? Warum kann nicht jeder Schuhhersteller eine gewisse Anzahl an Sondergrößen rausbringen, oder anders gefragt: Denken die, ältere oder dickere Menschen tragen keine Schuhe und walzen auf ihrer Hornhaut durchs Leben? Dem ist nicht so. Wir wollen auch schöne Schuhe haben. Weite Schuhe. Schuhe, die nicht wehtun, Schuhe, die man nicht spürt. Ich will den Knubbel nicht spüren.

Also habe ich mich auf die Suche gemacht. So sehr ich den Einzelhandel eigentlich liebe, ich muss an dieser Stelle sagen: Da ist Luft nach oben. In vielen Geschäften habe ich keine weiten Schuhe gefunden. Einmal sagte sogar eine Verkäuferin: »Da müssen Sie bei den Herrenschuhen gucken.« Eine andere sagte: »Wir bieten leider nicht diese speziellen Weiten an, die über die normalen Standardgrößen hinausgehen. Diese Schuhe bieten mehr Platz im Vorderfußbereich und entlasten den Fuß. Die sind sehr angenehm zu tragen.« – »Aha«, sagte ich. »Und darf ich fragen, warum Sie die nicht haben?« – »Tja, weil ... nicht so viele Menschen ... hm ... jetzt, wo Sie es sagen, doch, es fragen schon einige ... hm.«

Was ich vermute, auch wenn ich mich nun in die Nesseln setze und ein Shitstorm über mich hereinbricht: Ich hege manchmal den Verdacht, dass einige Schuhhersteller gar keine breiten, großen Schuhe herstellen WOLLEN, weil sie eine bestimmte Klientel an Kunden möchten, und nicht Krethi und Plethi. Das ist ein böses Vorurteil, ich weiß, aber möglich ist es allemal.

So. Und wie bitte sollen denn solche Schuhe sein?

Es ist ganz einfach, eigentlich: Sie sollten aus dehnbarem Material bestehen. Schuhe aus weichen und flexiblen Materialien wie Leder oder bestimmten synthetischen Stoffen passen sich besser der individuellen Fußform an und bieten mehr Tragevergnügen.

Dann finde ich verstellbare Verschlüsse wichtig, also Schuhe mit Schnürsenkeln, Klettverschlüssen oder elastischen Einsätzen. Die haben eine bessere Anpassung an die Fußbreite und -höhe. Zu guter Letzt, auch wenn es sehr medizinisch klingt: orthopädische Einlagen. Warum? Die sind einfach super, wenn sie speziell angefertigt sind. Ich hab solche Einlagen und möchte sie nicht mehr missen.

So, diese Tipps sind nun schon mal ein guter Anfang.

Jetzt müssen wir nur noch schöne Schuhe finden!

Hallo, Schuh! Bitte pass mir, obwohl ich nicht Aschenbrödel bin.
Es ist nicht einfach, ich durchforste Dr. Google mit allen möglichen Futterstoffen, aber dann werde ich tatsächlich fündig und darf an dieser Stelle, nein, ich muss Werbung machen für meine drei Favoriten:

1. Paul Green
2. Sioux
3. Avena

Ich habe viele Schuhe bestellt und probiert, und diese drei Hersteller muss ich einfach loben und noch mal loben und zum hundertsten Mal loben. Sie haben alles richtig gemacht. Wobei ich besonders hervorheben darf, dass ich so gut wie nur noch die wunderbaren Schuhe von Paul Green trage. Weil ich so begeistert bin, habe ich die nette Geschäftsführerin Barbara Aichinger gebeten, mir einmal zu erklären, was an diesen Schuhen das Besondere ist und warum man sich darin so wohlfühlt!

Bitte erzählen Sie doch mal, was das Besondere an Paul Green ist.
Neben dem hohen Qualitäts- und Passformanspruch ist Paul Green eine der wenigen Marken, die wirklich noch komplett in Europa produziert werden. Und ja, wir sind ein bisschen teurer, dafür kann man sich aber auch drauf verlassen, dass man eine hohe Qualität erhält. Man kann in unseren Schuhen ohne Probleme einen Tag verbringen!

Welche Schuhe gibt es für Problemfüße wie Hallux valgus?
Erst mal: Ich empfehle, Schuhe niemals zu klein oder zu eng zu kaufen, und wenn man schon Probleme hat, auf Sprengung von über 5 cm zu verzichten (das ist die Höhendifferenz zwischen Ferse und Vorfuß). Generell empfehle ich auch immer, Lederschuhe auszuwählen, und hier vor allem zu weichen Ledern wie Rind oder Ziegenleder zu greifen. Das Material Leder hat atmungsaktive Eigenschaften und gibt an der richtigen Stelle nach, ohne auszuleiern, was für einen hohen Tragekomfort sorgt.

Welche Zielgruppe sprechen Sie überwiegend an?
Frauen, die Wert auf Passform und Qualität legen, unabhängig von Alter, Herkunft oder Stil. Frauen, die wissen, dass man in guten Schuhen eine andere Haltung hat, und die sich wohlfühlen wollen, ohne auf eine gewisse modische Note zu verzichten. Letztens habe ich gelesen: »You can't do epic shit with basic shoes«, und das trifft es eigentlich ziemlich gut!

Was ich wirklich festgestellt habe: Die Suche nach den passenden Schuhen kann einen psychisch fertigmachen. Gerade wir Menschen mit Problemfüßen fühlen uns oft ausgeschlossen, weil wir nicht die gleichen modischen Möglichkeiten haben wie andere. Dies kann, es ist wirklich wahr, zu einem verminderten Selbstbewusstsein führen. Da hadert man sowieso schon mit seinem Schicksal und seinen Überbeinen und dem Hallux valgus. Und dann wird noch nicht mal Abhilfe geschaffen. Das Gefühl, ständig Kompromisse bei der Schuhwahl eingehen zu müssen, kann frustrierend und demotivierend sein. Ich weiß, wovon ich spreche. Wirklich, ich weiß es.

Davon mal abgesehen, und ich weiß einfach, dass es vielen so geht: Unbequeme Schuhe sind der Horror. Wenn Schuhe zu eng sind, der Fuß (bei mir sehr gern) bei Wärme anschwillt: Halleluja.

Also, liebe Leute, es gibt Abhilfe und einen schönen Mittelweg, der da heißt: nach guten Schuhen suchen. Seid geduldig, es kann gut sein, dass es nicht gleich passt, aber kommt Zeit, kommen Schuhe. Ich bin mittlerweile sehr froh, mich auf die Suche nach wirklich guten, passenden Schuhen gemacht zu haben. Die sind übrigens nicht teurer als »normale«. Was hat sich noch geändert?

Meine schönen, wundervollen High Heels habe ich bei eBay verkauft. Ich werde sie nie mehr tragen können, das weiß ich. Meine Füße sind leider einfach zu sehr arthrosiiert (eigenes Wort). Aber ich hadere nicht damit. Ich habe zur Erinnerung Fotos von den Schuhen gemacht und das mit den Louboutins eingerahmt, ich glotze täglich auf alle Schuhfotos und hoffe, die jungen Hühner, die meine Schuhe ersteigert haben, werden glücklich damit! Denkt aber immer daran: Es rächt sich später, eure Knochen werden in alle Richtungen wachsen. Ihr werdet leiden wie ich. Aber noch seid ihr Mitte 20, ihr habt noch genügend Zeit, um eure hübschen, wohlgeformten Füße zu verhunzen. Ich bin böse. Ich weiß.

Ich weine ein bisschen, dann aber ziehe ich beherzt meine Sneakers an und gehe ein bisschen walken. Das würde ja in High Heels auch gar nicht gehen.

Ich vernachlässige meine Füße nun nicht etwa aus Trotz, weil sie oft so herausfordernd sind, sondern ich pflege und verhätschele sie, denn sie tragen mich durchs Leben. Weil ich mich fast schon unverschämt gut als Mensch finde deswegen, mache ich einen Termin bei der Fußpflege aus. Das ganze Programm. Mit Fußreflexzonenmassage und teuren Cremes und Ölen. Ich lasse mir die Fußnägel mit Shellac lackieren und fühle mich gut ohne Hornhaut. Meine Füße sind glatt wie ein Pavianarsch und ich liebe es, sie anzugucken (jedenfalls teilweise).

Ein Paar High Heels behalte ich, falls ich doch mal wieder welche tragen kann. Die Hoffnung stirbt zuletzt.

Nach einigen Wochen habe ich versucht, die High Heels anzuziehen, es ist mir auch gelungen, aber: Ich kann nicht darauf laufen, ich kann einfach nicht, es geht nicht. Bin nach einer halben Sekunde bereits umgeknickt. Wie bitte konnte ich früher in solchen Latschen gehen? Auch in die Disco? Wie konnte ich in der Frankfurter Flughafendisco *Dorian Gray* von 23 Uhr bis sieben Uhr morgens auf solchen Absätzen tanzen? Und das fast ohne Pause.

Ach so. Ich war da jünger.

Es ist das Alter.

Ja, du gehst auf die 60 zu.

Schon gut.

Mein persönlicher Wein-sage-Effekt ist jedenfalls der, dass ich mich abfinde mit den nicht zu ändernden Tatsachen.

Und nun gebe ich zu, was ich mir gegönnt habe. Nein, keinen halben Apfel, sondern ein paar Louboutins ohne Absatz!

Die gibt's nämlich auch! Sneakers von Louboutin! Ich muss zugeben, ich habe B-Ware gekauft, weil die 800 Euro kosten, und ich und viele andere auch sind nun auch nicht unbedingt Krösus, aber es musste einfach sein. Und es macht mich sehr froh! Außerdem hat mir irgendjemand gesagt, das sei eine Wertanlage.

Wie bitte? Wer nicht hören will, braucht auch kein Hörgerät

Noch so ein Alterskram, ist es nicht zum Reihern? Wird man denn von nichts verschont? Mein Mann hat monatelang behauptet, ich würde schlecht hören, ich behauptete, er würde nuscheln ohne Ende. Er hat recht behalten, was mich aus vielerlei Gründen sehr ärgert, denn er ist auch so ein ziemlicher Besserwisser und erklärt einem gerne, wie was richtig gemacht wird. Ich also zum HNO gewackelt und dann zum Akustiker gelatscht, weil ich nur noch 60 Prozent Hörfähigkeit habe, was ich meinem Mann allerdings erst mal nicht gesagt habe. Aber: Ja, es muss ein Hörgerät her.

Ich erinnere mich gern an meinen einen Opa. Der hatte ein Hörgerät. Auf beiden Ohrseiten. Er hat mir erzählt, das sei von den vielen Bomben im Krieg gekommen. Opa trug seine Hörgeräte immer, weil er sonst gar nichts mehr hören würde.

Ich erinnere mich an die Dinger. Sie sahen schrecklich aus. Man konnte sie auch sehr gut sehen. Sie waren beige, sehr groß und wirkten auf mich irgendwie gefährlich, aber ich war auch erst sechs Jahre alt. Und ich musste immer auf die Dinger glotzen. Wenn Opa Mittagsschlaf hielt, nahm er sie raus und ich begutachtete sie. Es war halt Plastik, ein großes Stück Plastik. Einmal habe ich die Hörgeräte versteckt, warum, weiß ich nicht mehr, aber ich weiß noch, dass ich dann vergessen hatte, wo ich sie versteckt habe, und das Drama war da. Wo sind Opas Hördinger? Was hat das Kind denn da schon wieder angestellt? Reicht es denn nicht, dass sie Omas Gebiss einfach in den Spinat gesteckt hat und Onkel Ludwig beim Mittagessen draufgebissen hat? Ist es nicht genug, dass sie die Zierfische mit Mehl gefüttert und ein Stück

Streichholz so in den Klingelknopf gedrückt, dass es zwei Stunden lang geklingelt hat? Dieses Kind!

Aber ich schweife ab.

Ich habe mich also erst mal erkundigt, und zusammengefasst sieht die Sache ganz klar und einfach so aus: Hörgeräte bestehen aus einem Mikrofon, einem Verstärker und einem Lautsprecher und sie arbeiten, indem sie Schallwellen verstärken und verarbeiten, um das Hören zu erleichtern. Diese Geräte sind von großer Bedeutung für das tägliche Leben vieler Menschen und haben weitreichende Auswirkungen auf Gesundheit und Wohlbefinden.

So weit, so gut. Und wieso sollte man ein Hörgerät tragen, hm?

Ganz einfach. Es geht um die Verbesserung der Lebensqualität: Hörgeräte ermöglichen es Menschen, besser zu kommunizieren, was soziale Interaktionen erleichtert und Isolation verhindert. Gespräche mit Familie und anderen mir zugewandten Menschen werden verständlicher, was das soziale Leben bereichert und die Teilnahme an Gemeinschaftsaktivitäten fördert. So zusammengefasst aus dem Internet. Man muss hören können, wenn es wichtig ist, und das ist es, versuchte mein williger Geist meinen zögerlichen Körper zu überzeugen. Opas beiges Plastik hinter meinem Ohr? Neiiiin!

Doch, ja, es stimmt, dass die Kommunikation besser wird, das konnte ich feststellen. Manchmal aber, und ich denke, da bin ich nicht die Einzige, will man gar nicht, dass die Kommunikation besser wird. Wenn man also so einem Labersack gar nicht zuhören möchte, dann empfiehlt es sich doch, keins zu tragen. Andererseits ist man dann nicht mehr an der Diskussion oder an was auch immer beteiligt.

KAPITEL 3 WECHSELLEBEN

Dann: ja klar, der Beruf: Es gibt durchaus **Berufe, in denen man gut hören sollte.**

- In einem OP ist gutes Hören wichtig. Wenn man nicht versteht, was der operierende Arzt sagt (Tupfer, Skalpell), kann es leicht zu Missstimmung kommen. Das gilt für die OP-Schwester genauso wie für den Anästhesisten.
- Auch Menschen, die andere Menschen transportieren, sollten gut hören. Also Taxifahrer, Piloten, Busfahrer und ihre weiblichen Pendants.
- Mir fällt gerade auf, dass es Schwachsinn ist, was ich schreibe, denn: Jeder sollte gut hören können. Nicht nur ein Taxifahrer oder eine OP-Schwester. Wenn ich mit verminderter Hörfähigkeit mit dem Auto auf der Autobahn fahre und nicht höre, dass da von hinten ein Rettungswagen mit Tatütata anrast, könnte das problematisch werden.

Aber: Es gibt tatsächlich genügend **Situationen, in denen ich mir KEIN Hörgerät wünsche:**

- Bei *Butter-Lindner* in Eppendorf. Butter-Lindner ist ein Feinkostladen, in dem die Perlen-Paulas einkaufen. Ich weiß nicht, warum, aber es ist so: Bei Butter-Lindner hören sich die Stimmen alle so furchtbar schrill an, aber das liegt vielleicht daran, dass man so dicht beieinandersteht. Die Perlen-Paulas jedenfalls bestellen nicht, sie kieksen so merkwürdig schrill. Die können nicht sagen: »Ein Roggenmischbrot«, sondern sie schnattern das auf eine Art und Weise, die an ein hungriges Vogeljunges erinnert, das nach Nahrung kreischt.
- Wenn ich mit dem Bus fahre, in dem pubertierende Jugendliche auch fahren. Jungs und Mädels, die alle irgendwie

was voneinander wollen, erste Liebe und so, das aber nicht sagen, sondern sich gegenseitig mit irgendwelchen Lauten übertönen. Wie so eine Schar Möwen, die sich um ein Fischbrötchen streiten. Entsetzlich.

Wenn mein Mann und mein Schwager miteinander »plaudern«. Der eine nuschelt, der andere ist – ach! – schwerhörig. Es geht die ganze Zeit nur »Was hast du gesagt?« »Jrldä fuefööejj!« »Was? Ich hab das nicht verstanden.«

Nachdem ich dann mit dem Googeln der einen Sache fertig war, googelte ich die nächste, nämlich: **Gibt's mittlerweile bessere Hörgeräte als das von Opa?**

Die Antwort ist erfreulich: Ja, denn wir schreiben nicht mehr das Jahr 1972. Alles hat sich weiterentwickelt, auch die Hörgeräteakustiker (gab es die damals eigentlich auch schon?).

Ich fasse mal ganz nüchtern zusammen:

1. *Hinter-dem-Ohr(HdO)-Hörgeräte:* Diese Geräte sitzen hinter dem Ohr und leiten den Schall über einen Schlauch in ein Ohrstück, das im Gehörgang sitzt. Sie sind robust und eignen sich für alle Grade von Hörverlust.
2. *Im-Ohr(IdO)-Hörgeräte:* Diese Hörgeräte passen direkt ins Ohr und sind weniger sichtbar als HdO-Geräte. Sie sind für leichte bis mittelschwere Hörverluste geeignet und es gibt sie in diversen Größen und Formen.
3. *In-dem-Gehörgang(IdG)-Hörgeräte:* Diese sind kleiner und passen teilweise oder vollständig in den Gehörgang. Sie sind diskret und eignen sich für leichte bis mittelschwere Hörverluste.
4. *Cochlea-Implantate:* Diese chirurgisch eingesetzten Geräte umgehen das beschädigte Innenohr und stimulieren

direkt den Hörnerv. Sie sind für Menschen mit schwerem Hörverlust oder Taubheit gedacht.

Und welches war nun für mich geeignet? Ich habe also einen Termin beim Hörgerätespezialisten gemacht und das, ich muss es betonen, war ganz wunderbar, weil die sich wirklich so richtig viel Zeit genommen haben. Ich war einige Male dort, und es war immer wirklich nett, außerdem gibt's da Schokolade.

Erst mal bekam ich erzählt, **was alles passieren kann, wenn ich KEIN Hörgerät trage.** Ich fasse das jetzt mal relativ nüchtern zusammen:

1. *Kognitive Beeinträchtigungen:* Hörverlust, der nicht behandelt wird, kann das Risiko von kognitiven Beeinträchtigungen und Demenz erhöhen. Das Gehirn muss härter arbeiten, um unvollständige auditive Informationen zu verarbeiten, was zu kognitiver Überlastung führt. Nicht schön.
2. *Soziale Isolation und Depression:* Schwerhörigkeit kann zu sozialer Isolation führen, da Betroffene sich oft aus Gesprächen und sozialen Aktivitäten zurückziehen. Dies kann das Risiko von Depressionen und Angstzuständen erhöhen. Diese Gefahr sehe ich jetzt bei mir persönlich nicht, verstehe aber und kann nachvollziehen, dass das passieren kann, gerade wenn jemand sowieso nicht rumläuft wie ein Marktschreier und bei jeder Diskussion mitmischt.
3. *Verschlechterung des Hörvermögens:* Ohne Hörgeräte kann sich das Hörvermögen weiter verschlechtern, denn das Gehirn verliert die Fähigkeit, bestimmte Klänge zu verarbeiten.

So weit, so gut! Also JA zum Hörgerät. Die Spezialisten versichern, dass die Verständigung besser wird und man Wörter nicht mehr falsch versteht. Davon kann ich ein Lied singen, und nicht nur ich. Eine schwerhörige Kollegin wurde an einer Drogeriekasse einmal gefragt, ob sie Bonuspunkte sammle. Verstanden hat sie, ob sie mit einer Bodenpumpe ramme. Ich wurde auf einer Party mal gefragt, ob ich mein neues Buch fertig habe, verstanden habe ich, ob ich einen Fetisch habe. Dann habe ich auch noch gesagt, nein, ganz normal, also nix mit Lack oder Leder oder so; mein Gegenüber war ein wenig verunsichert. Dann verstand ich mal: »Was bist du denn für eine blöde Kuh«, aber gesagt wurde »Moment eben, ich binde mir nur den Schuh.« Ich habe mal Buchungsportal als Bumsportal verstanden. Ach, es ist ein Kreuz.

So. Was ändert sich nun durchs Tragen von Hörgeräten? Eigentlich alles. Weil man einfach alles besser versteht. Am Anfang ist es eine riesige Umstellung, das muss man dazusagen. Auf einmal hört man den Backofen tuten, man hört den an die Scheiben prasselnden Regen, was wundervoll ist, man hört allerdings auch, dass die Nachbarskinder über einem mit einem Bobby Car über den Dielenboden schraddeln. Man bekommt mit, wie sich die Nachbarn streiten, und auch von Beischlafgeräuschen wird man nicht verschont. Auf vieles kann man verzichten. Aber vieles ist auch gut, zum Beispiel, wenn man über die Straße geht und ein Auto angerast kommt.

Und welches hab ich nun genommen? Ein Im-Ohr-Gerät mit kleinen Batterien. Ich hatte keine Lust auf eins, was draußen über der Ohrmuschel hängt, und bei meinem Glück hätte ich es sowieso verloren. Aber was für mich nicht okay ist, kann ja für andere wunderbar sein.

Meine lassen sich durchs Smartphone laut und leiser stellen, man kann die Umgebung (laute Umgebung, Menschenmenge, TV) einstellen und so weiter.

Und? Trage ich es täglich? Ich gebe zu, wenn ich zu Hause bin, lasse ich es gern mal draußen, aus einem recht simplen Grund: Ich tippe sehr viel auf meiner Tastatur, und obwohl die sehr leise ist, hört man die Anschläge natürlich doch. Und das ist mir auf Dauer schlicht zu laut.

Ich bereue es jedenfalls nicht, zum Akustiker gegangen zu sein. Lebensqualität zu erhöhen hat doch sein Gutes! Und wer jetzt denkt, die Hörgeräte sind unerschwinglich teuer, dem kann ich nur sagen: Nein. Da ist für jeden was dabei. Meine zum Beispiel haben nur 200 Euro Zuzahlung gekostet. Das ist, finde ich, absolut genial. Und ich bin stinknormale Kassenpatientin.

Nun kann es natürlich sein, dass viele sagen: Och nee, so ein Hörgerät nervt, man muss es pflegen, Batterien tauschen und so. Och nee. Hallo? Jeder Depp hat heute ein Smartphone und hat das ständig am Wickel, lädt es auf, lädt was runter, was weiß ich. Da kann man ja wohl mal eine Minute erübrigen, um die Batterien zu tauschen. Also wirklich. Und wenn das mal mit einem Tuch ein bisschen sauber gemacht werden muss, da bricht auch niemandem ein Zacken aus der Krone.

Außerdem, man kann es nur wiederholen: Denkt an eure Gesundheit. Ich sag nur Demenz.

Hört einfach mal auf mich! (Ich weiß, super Wortwitz, war aber auch eine steile Vorlage.)

Na klar, man zieht das Gummiband lang und hat keine Lust auf den ganzen Kram, aber wenn es dann mal so weit ist, dann ist man froh darüber, es gemacht zu haben.

Und dann kann man auch mal Wein sagen.

Ich sage Nein. Oder: Ich werde erwachsen!

Mit den Jahren müssen die diversen unvermeidlichen Wechsel unseres Lebens nicht nur über uns kommen. Wir können auch selbst welche veranstalten, juchhuu! Wir werden jetzt richtig groß!

Die ganze Zeit geht's um Wein sagen und ja, es ging auch schon mal kurz ums Neinsagen, aber noch nicht so richtig.

Ich möchte eine Lanze für die Menschen brechen, die hier variieren können, ich gehöre leider Gottes nicht dazu. Ich gehöre leider zu denen, die völlig jenseits aller Selbstoptimierungsstrategien Ja sagen, bevor jemand überhaupt nur daran gedacht hat, mich irgendwas zu fragen.

»...« – »Natürlich, supergern, das mach ich, wann kommen denn die Handwerker? Ach, um sechs Uhr morgens schon, ach, macht nix. Der frühe Vogel fängt den Wurm. Ach so, ihr seid zwei Wochen weg? Ach so, ich soll zwei Wochen lang bei euch wohnen ... sicher, sicher, kein Problem, ich verstehe, dass ihr den Lärm nicht vertragt.«

»...« – »Natürlich, supergern, wo steht denn das Futter? Ach, das ist ein T-Rex, aha, na ja, macht nix, dann ... ach so, der Hund heißt T-Rex. Warum heißt der denn so? Wieso will ich das nicht wissen? Wie, auf meine Hände aufpassen? Ja, sicher, das ist einfacher, wenn der bei uns wohnt. Und nicht freilaufen lassen? Aha. Er reißt anderen Hunden die Ohren ab. Aha. Äh, kann ich den Hund vielleicht vorher mal sehen? ... Nicht. Weil? Ach, weil ich das sonst nicht mache mit den drei Monaten Hundesitter. Doch, doch, natürlich mach ich das gern.«

»...« – »Was? So viel zu tun ... sicher, komm nur vorbei und bring mir die Bügelwäsche.«

»…« – »Natürlich, supergern, das mach ich, wie erkenne ich den Mann denn? Am bestens schreib ich den Namen auf ein Schild, oder? Nicht? Wieso? Ach, der wird von der ›Ndrangheta‹ aus Kalabrien gesucht. Ach, das ist die gefährlichste Mafia der Welt. Soso. Nein, das wusste ich nicht. Ach, der lebt vegan. Ja klar kauf ich ein. Wo soll ich ihn denn hin … ach so, mit zu mir erst mal. Das ist sicherer. Wieso ist das sicherer? Ja, natürlich hab ich *Der Pate* gesehen, wer hat das nicht? Was ist denn mit dem Pferdekopf? … Andere Handynummer anrufen, aha. Warum denn? Ich … ja klar, ich schreib mir das auf, ach nicht aufschreiben. Merken. Pjotr Dimitri Gruszaszenkovicz. Verstehe. Nein, ich googele ihn nicht, aber warum holt ihr ihn eigentlich nicht selbst ab? … Ach so. Gefährlich. Handgranaten. Mord. Gewichte an den Füßen. Dann in den Fluss. Ach so.«

Und so weiter.

Es ist immer dasselbe: Wenn man Ja sagt, fühlt man sich wertgeschätzt, geliebt und gebraucht, man hat das Gefühl, etwas wahnsinnig Gutes zu tun, wenn man gefährliche Hunde hüten oder einen von der Mafia gesuchten Waffenhändler vom Flughafen abholen und bekochen soll.

Ich persönlich sage Ja, auch wenn mein schlauer Körper mir vielfach signalisiert, dass es besser ist, Nein zu sagen. Es ist, als sei ich fremdgesteuert. Dabei, man hört und liest es immer wieder, ist es total wichtig, Nein zu sagen, sich mal zurückzuziehen. Ich bin ein Paradebeispiel für das Gegenteil. Wenn ich Nein sage, habe ich das Gefühl, unverschämt zu sein, und komme noch nicht mal auf den Gedanken, dass es genau andersrum ist – dass die Forderer unverschämt sind. Ständig Ja sagen ist gefährlich. Zu schnell merken das die Energie-Vampire und nutzen es aus. Und wir gutmütigen

Trottel lassen es mit uns machen und lernen nicht draus. Mann! Das geht doch nicht.

Es erschöpft mich, es macht mich traurig – aber das interessiert leider niemanden. Es gibt sehr viele egoistische und narzisstische Menschen, solche also, die einen dazu benutzen, sich selbst immer gut und zufrieden dastehen zu lassen. Sagt man also immer Ja, bietet man solchen Charakteren eine Plattform, um ihre egoistischen Bedürfnisse zu befriedigen. Super, oder? Gern – so hab ich es zumindest erlebt – sagen solche Leute: »Aber wir sind doch Freunde. Für Freunde macht man so was doch.« Ich denke mal, dass man auch in einer Freundschaft Nein sagen kann. Das hat ja auch was mit gegenseitigem Respekt zu tun, Nein zu sagen und das zu akzeptieren, oder? Ich denke, echte Freunde machen das.

Und noch was trägt dazu bei, dauernd Ja und nie Nein zu sagen. Die Kindheit, denn wenn Eltern ihren Kindern beibringen, dass es in Ordnung ist, Nein zu sagen, dann ist das für die Kinder so richtig.

Ich erzähl jetzt hier nix von Selbstfürsorge und emotionaler Gesundheit, das kann man alles googeln, aber wir suchen ja immer den goldenen Mittelweg, wegen Wein sagen und so, und deshalb habe ich für mich selbst eine Liste erstellt – ja, **eine Liste! –, die mir hilft, nicht immer Ja zu sagen:**

🐧 Wenn jemand ankommt und mich um etwas bittet, nicke ich nicht gleich, als hätte ich einen Parkinsonschub, sondern ich sage – ich erwähnte diese Methode schon mal weiter oben –, dass ich *darüber nachdenke*. Das ist so herrlich, denn man schindet damit Zeit und kann sich wirklich mit der Bitte auseinandersetzen. Will ich wirklich die beiden kleinen Kinder, die, nebenbei gesagt, keine Kinder, sondern Monster sind, babysitten? Will ich das? Erst mal drüber nachdenken.

Diese Methode ist natürlich nicht angebracht, wenn der Bittende über einer Gletscherspalte hängt und sich gerade noch so mit einer Hand an einem schmelzenden Eiszapfen festhalten kann. Da sollte man mit dem Überlegen eine Ausnahme machen.

 Kommt der-/diejenige dauernd an und will was? Nimmt es als gegeben hin, dass ich der Trottel bin, der immer nickt? Dann, die Erfahrung ist auch mal ganz schön, erst mal mit einer Gegenbitte arbeiten. Sagt er/sie also: »Kannst du dann und dann das und das?«, sage ich: »Ich guck mal nach, aber kannst du dann und dann das und das?« Ganz oft, die Erfahrung habe ich gemacht, können die da natürlich nie. Dann können wir auch mit gutem Gewissen sagen: »Ach, da kann ich nicht.« Also finde ich.

 »Nein.« Puh. Das war schwer. Also noch mal: »Nein.« Ging schon einfacher. Aber ich bekomme ein schlechtes Gewissen. Und wie sie guckt! So hat sie noch nie geguckt. So ungläubig, so ... erstaunt. Und ich? Fühle mich plötzlich großartig.

Es ist so, man darf es mir glauben.

Diese Menschen neigen dazu, einem mit Gesten oder Blicken zu verstehen zu geben, dass man a) ein schlechter Mensch, b) eine schlechte Freundin oder c) ganz einfach unsozial ist, und sie würden nicht im Traum daran denken, dass dieses a–c auf sie selbst zutreffen könnte.

Ich halte mittlerweile Maß mit meinem Jasagen. Ich sage nicht nur Nein, aber ich habe es mir angewöhnt, es mehr zu tun.

Ich habe mir noch etwas angewöhnt: Ich biete meine Hilfe gern mal von selbst denjenigen an, die NIE fragen, die alles selbst machen. Eine Nachbarin mit zwei Kindern zum Beispiel würde mich niemals um etwas bitten. Weil sie genauso ist wie ich. Die freut sich wie ein Strumpf, wenn ich frage, ob ich ihr was vom Edeka mitbringen kann. Oder mit ihrer Tochter fürs Diktat üben soll.

Das ist schön. Das macht Spaß. Da fühlt man sich gewertschätzt.

Ich denke, dass man langsam damit beginnen sollte, weniger Ja und mehr Nein zu sagen. Jedenfalls die Ja genau überlegen. Überhaupt überlegen, ob man Ja oder Nein sagt. Denn sonst kann es auch passieren, dass man Leute, die nur ein einziges Mal Bitte sagen, vor den Kopf stößt. Dann steht man irgendwie da wie ein Sonderling und ist irgendwann alleine und kann »Nein, nein« vor sich hinbrabbeln, und das den ganzen Tag lang.

Einfach mal in sich reinhören. Manchmal Wein, manchmal Nein sagen.

Eigentlich ganz einfach. (Haha!)

KAPITEL 4

Lieber länger lustvoll leben

Manchmal kann man Dinge einfach nicht ändern: Der Mann ist im Homeoffice? Drama, aber kriegt man hin. Wir altern in Würde, aber mit Hilfe, kriegen das mit den lauten Nachbarskindern geregelt, schließen neue Freundschaften oder auch nicht, rasten auf Ü-50-Partys aus, lernen von älteren Menschen. Und das ist richtig schön!

Seid altersmilde, solange ihr es noch könnt

Das Alter: Ein Thema, mit dem sich, behaupte ich mal, jede Frau um die fünfzig oder, bei gekonntem Verdrängen, auch Ende fünfzig schon mal auseinandergesetzt hat. Es lässt sich nun mal nicht aufhalten, das Altern. Aber ehrlich gesagt begreife ich diesen Zirkus nicht, der da gemacht wird. Also erstens mal ist die Alternative tot sein, und zweitens: Ich finde nichts schöner als Gesichter oder Hände, die vom Leben erzählen. Ich habe mal aus Recherchezwecken in der Rechtsmedizin mitgearbeitet und da lag eine alte Dame, die so wunderschöne Hände hatte. Die Falten erzählten von Gelebtem, einem langen und hoffentlich lustvollen Leben, die Altersflecken wirkten wie kleine goldene Sommersprossen. Es waren gepflegte, schöne Hände, ich musste die ganze Zeit hinschauen. Auch das Gesicht der Dame hätte Romane schreiben können. Tiefe und zarte Falten, die Haut ganz leicht gebräunt. Wie gern hätte ich sie zum Leben erweckt und mir erzählen lassen, wie ihr Leben so war. Ich denke, es ist schön gewesen. Sie sah gepflegt aus, und so, als würde sie schlafen. Das Schönste war: Sie lächelte leicht. Ich muss immer noch oft an diese alte Dame denken.

Zurück zum Alter:

Ich selbst hadere auch oft mit mir. Denn mit dem Alter kamen auch diverse OPs, so ist das manchmal. Ich habe eine Narbe am Hals von einer Schilddrüsen-OP (»Sie haben da eine sehr schöne, ausgeprägte Halsfalte, da kann man die Narbe gut setzen!«), ich habe zwei Narben an den Knien (»Tja, ist leider Arthrose, die Knochen reiben schon aufeinander.« Danke, Papa, für das Erbe), zwei am rechten Fuß, weil das

Großzehengrundgelenk versteift wurde (auch Arthrose). Ich habe das furchtbare Überbein am linken Zeh. Und natürlich sieht meine Haut nicht mehr aus wie die einer 20-Jährigen, wobei ich damit echt Glück hatte. Meine Gesichtshaut ist die Stelle am Körper, mit der ich am wenigsten hadere. Noch.

Ach, es ist doch manchmal zum Heulen. Da saß ich bei meiner Zahnärztin, und die guckte und fuhrwerkte in meinem Mund herum und kam zu keinem Ende. Um dann zu sagen: »Es ist Parodontitis.«

Ich sagte: »Was meinst du?«

Sie sagte: »Dein Zahnfleisch geht zurück, es ist schon weit fortgeschritten, der Kollege hat das nicht gesehen.« Mit dem Kollegen meinte sie ihren Vorgänger, von dem sie die Praxis übernommen hatte. Ich setzte mich auf: »Was heißt das?«

Nun, wir mussten eine Parodontosebehandlung machen, das ganze Programm, es ist kein Spaziergang, um die Zähne herum wird gemeißelt, was das Zeug hält und meine größte Panik bestand darin, dass die Betäubung nachlassen und sie gleichzeitig auf einen Nerv stoßen würde.

Seitdem muss ich ständig zur Kontrolle, dazu kommt, dass man ja sowieso zweimal im Jahr eine Zahnreinigung machen lassen soll – also, seien wir ehrlich, es wird immer mehr. Ich habe früher immer gedacht, ältere Leute haben einfach keine sozialen Kontakte und gehen deswegen zu Ärzten, mittlerweile weiß ich es besser. Mir fällt gerade ein, dass ich gar nicht weiß, ob es noch Gebisse gibt? Gibt es die noch? Meine Oma hatte eins, und ich hatte Angst vor dem Gebiss, das abends in ein Glas mit Wasser gelegt wurde. Ich träumte manchmal davon, dass dieses Gebiss lebt, aus dem Glas hüpft und mir, die ich schlafend im Bett liege, in die Nase beißt.

Dann, es geht weiter: Die Haare werden grau, ich färbe natürlich, warum auch nicht. Es gibt ja Frauen, die mit weißem Haar super aussehen, ich gehöre nicht dazu. Ich sehe ungefärbt aus wie ein Mütterlein mit Reisigbündel, das gebückt mit festem Schuhwerk durch einen Mischwald humpelt.

Es ist nicht einfach. Meine Haare sind übrigens nicht grau, sondern weiß. Ich bin also schon in diesem Stadium angekommen, ist es nicht zum Greinen?

Die Frauen, die sich fürs Nichtnachfärben entschieden haben, können sich ihre blöden Argumente mit der Haarfarbe in selbiges schmieren:

✘ »Ich stehe einfach zu meinem Alter.«
✘ »Es ist auch gar nicht gesund, zu färben.«
✘ »Ich finde, die Haare erzählen von gelebtem Leben.«
✘ »Keine Frau sollte färben.«
✘ »Ich werde jetzt viel mehr respektiert, man hört mir mehr zu und ich werde wieder beachtet.«

Ja, ist klar, ich färbe nicht mehr, um respektiert zu werden, ich glaube, dass es hackt. Und ich werde auch so beachtet, und wenn das mal nicht der Fall sein sollte, dann belle ich einfach. Das habe ich mir irgendwann mal angewöhnt, denn es ist eine Tatsache, dass Männer Frauen nie Platz machen, nie aus dem Weg gehen, auf der Straße oder in der Bahn oder wo auch immer. Einfach mal kurz bellen und dann so tun, als wäre man es nicht gewesen. Hilft. Manche springen ganz irritiert zur Seite, was ich gut finde.

Meine Güte, liebe Frauen. Lasst euch doch nicht so fertigmachen von den ganzen »Ich werde in Würde alt«-, und von den »Du musst für immer jung sein«-Weibern. Ist eh fast alles

Fake. An dieser Stelle lobe ich mir Elena Uhlig, guckt mal bei Insta: elena_uhlig, die hat tatsächlich einen normalen Körper und keinen »angepassten«, immerhin hat sie auch vier Kinder bekommen. Und sieht das Altern und ihre Figur als ganz normal an, zeigt sich auch in Unterwäsche. Ganz normal. Und das ist es ja auch.

Viele Frauen denken, mit dem Älterwerden ist das Leben vorbei. Leider war meine Oma auch noch diese Generation. Ich kenne sie eigentlich fast nur in ärmellosen Kittelschürzen, die ungefärbten Haare um ein Haarteil gewickelt. Und ich sehe sie immer am Herd stehen oder im Schrebergarten irgendwas ernten. Meine Oma gehört natürlich zu der Generation Frauen (1912 geboren, ich erzählte es schon), die wahnsinnig viel mitgemacht haben, die über einen Lippenstift noch nicht mal nachgedacht haben und bei denen es nur darum ging, dass man gut über die Runden kam. Diese Generation hatte es nicht leicht, und von der will ich auch gar nicht sprechen.

Ich spreche von uns. Wir Frauen ab 50 Richtung 60. Wir müssen doch nicht so tun, als seien wir noch 20 oder 30. Wir könnten doch einfach zu uns stehen, wenn wir schon nicht mehr auf High Heels stehen können, oder?

Seien wir doch mal gnädig mit uns. Und auch mit unserer Umwelt.

Fangen wir an mit den grauen Haaren. Ja und? Dann lasst halt nachfärben und wem das zu teuer ist, der kauft sich ein gutes Haarfärbemittel. Mach ich auch. Mein Haar wächst schnell und im Sommer noch schneller, da könnte ich alle zwei bis drei Wochen die Ansätze nachfärben lassen und wäre bald schon arm.

Nicht hadern, machen.

Bei den Füßen war ich schon. Akzeptiert es einfach und kauft euch schöne Sneakers oder flache Loafer. Seid gnädig mit euch. Eure Füße tragen euch durchs Leben. Cremt sie, ölt sie, massiert sie oder lasst massieren, sprecht mit ihnen, bedankt euch im Stillen dafür, dass es sie gibt. Im Stillen schreib ich deswegen, weil ich nicht möchte, dass jemand durch die Fußgängerzone geht und sich laut bei seinen Füßen dafür bedankt, dass sie da sind und den ganzen Menschen tragen. Das fällt ja letztendlich dann alles auf mich zurück.

So. Weiter. Das Gesicht. Ja. Falten. Auch wenn das Gesicht meine geringste Problemzone ist, so hadere ich doch mit den beiden Falten, die rechts und links neben den Mundwinkeln ihren Weg nach unten suchen. Schaue ich ernst, sehe ich muffig aus, wenn ich lache, verstärke ich die Biester noch. Was also tun? Ich darf an dieser Stelle einfach mal behaupten, dass keine Creme und keine Ampulle, dass kein Zauberelixier hier helfen wird. Das ist Quatsch. Das ist zwar alles gut für die Haut, hält sie elastisch und geschmeidig, aber Falten sind Falten. Die Falten bleiben. Es sei denn, man geht zu einem Arzt und lässt sich Spritzen setzen. Ja, einfach so. Ja, ich rede von Botox und Hyaluron. Was das Beste für einen ist, wird zusammen entschieden, Botox hält wohl länger.

Ich finde es wichtig, das anzusprechen, denn ich persönlich finde es überhaupt nicht verwerflich, wenn man bei sich selbst nachhelfen lässt. Warum denn auch nicht? Erstens mal ist das eine Entscheidung, die jeder Mensch für sich selbst treffen sollte, und zweitens gibt's nicht. So einfach ist das. Ich selbst hab auch schon was machen lassen und muss bald mal wieder hin, weil die Spritzen ja nur begrenzt lange wirken. Natürlich geht's nicht nur um Spritzen, viele lassen sich das ganze Gesicht »machen«, die Brüste vergrößern, die

Altersflecken weglasern. Kann doch jede handhaben, wie sie will. Ich bin auch aus dem Alter raus, in dem ich mit hochgezogenen Augenbrauen auf die herabblicke, bei denen man sieht, dass was gemacht wurde.

Warum? Letztendlich sitzen wir doch alle im selben Boot. Auch die Männer übrigens. Bei denen liegt nämlich auch hin und wieder ganz schön was im Argen. Über die redet komischerweise kaum jemand. Nur damals über Mickey Rourke, als er nur noch mit einem Strohhalm trinken konnte; die Lippen waren zugespritzt oder so.

Man sollte also eventuell überdenken, was richtig und was falsch ist.

Womit wir bei den Leuten wären, die es übertrieben haben. Erinnern wir uns mal an diese Herzogin von Alba. Ja, die, die ein – sagen wir mal, ein bisschen zu viel hat machen lassen. Sie sah zum Schluss aus wie ein bulimiekranker, in die Jahre gekommener Geier. Nicht schön.

Oder – immer wieder gern genommen: Donatella Versace. Dazu muss ich nix mehr schreiben.

Und dann gibt's die Leute, die haben was machen lassen und waren so klug, immer nur ein bisschen machen zu lassen.

Bei Heidi Klum zum Beispiel hat man nur anfangs gesehen, dass das Gesicht ein bisschen anders war.

Oder Iris Berben. Ich weiß es nicht, aber ich vermute, dass sie was hat machen lassen, aber so geschickt, dass man es kaum sieht, sondern höchstens positiv vermutet. Die hat sowieso Klasse, die Frau.

Was ich aber eigentlich sagen will: Jede, wie sie es braucht. Das gilt auch für Männer! Aber seid gnädig zu euch. Seid milde. Weniger ist oft mehr. Das gilt nicht in jedem Fall für Männer.

Gerade fällt mir etwas ein, das ich unbedingt noch loswerden muss: Wieso haben es eigentlich so viele Menschen mit den Lippen? Dauernd sieht man aufgespritzte, unnatürliche Lippen. Ich habe in natura noch keine so schlimmen Lippen gesehen, dass ich jetzt hätte sagen können: Oh, die müssten aber mal aufgespritzt werden. Vielleicht kann mir das jemand erklären.

Ich fasse jetzt einfach mal zusammen: Wenn jemand mit seinem Aussehen unzufrieden ist und die Möglichkeit besteht, dass dieses Aussehen durch einen kleinen Eingriff verbessert werden kann, herrje, warum nicht? Machen.

Befremdlich finde ich solche Geschichten, in denen Mädels sich zum 18. Geburtstag oder zum Abi eine Brustvergrößerung wünschen. Sorry, das geht mir zu weit. Aber alle anderen sollen doch machen, was sie wollen. Egal, was andere sagen.

So sehe ich das. Ich habe mich mal ein bisschen im Bekanntenkreis umgehört und Männer und Frauen gefragt, wie sie dazu stehen. Die meisten sagten Ja zur Nachhilfe, auch die Männer. Ich kenne zwei Männer, die haben sich die Lider straffen lassen. Jetzt kann man wieder ihre Augen sehen, was durchaus Vorteile hat.

Eine Bekannte, die ich vom Walken im Park kenne, hat eine bemerkenswert glatte Haut und ich fragte sie ebenfalls. Nein, sie hatte nichts machen lassen, sagte sie, würde aber sofort, wenn es nötig wäre. Britta ist 57 und ich fragte sie, was das mit ihrer Haut auf sich hätte. Die Erklärung war recht einfach: »Ich glaube, es liegt zum Großteil daran, dass ich noch nie, wirklich noch nie, Make-up oder Puder im Gesicht hatte.«

Ach. Nie, wirklich nie?

»Nie. Ich bin allergisch und würde sofort aussehen wie eine Tomate. Davon mal abgesehen finde ich es unerträglich, diesen Kram im Gesicht zu haben, und alles wird dreckig davon.«

Auch ich, darf ich an dieser Stelle behaupten, habe in meinem Leben so wenig wie möglich mit Make-up und Puder herumexperimentiert. Eine Zeit lang hatte ich das unbedingte Bedürfnis, bei meinem Arbeitgeber, dem Hessischen Rundfunk, auch Fernsehen »zu machen« und bin zu einigen Castings gegangen; vorher muss man natürlich in die »Maske«. Ich dachte, ich dreh durch. Das juckte wie Hulle. Die ganze Zeit hatte ich das Bedürfnis, mir mit den Fingernägeln alles runterzukratzen.

Mit meiner Fernsehkarriere hat es dann auch gar nicht erst angefangen. Angeblich habe ich zu sehr mit dem Kopf gewackelt und dauernd die Nase gerümpft. Ja, weil alles gejuckt hat! Ich bin dann beim Radio geblieben, da braucht man keine Schminke.

Mit ohne Make-up und Puder bin ich all die Jahre gut gefahren. Ich denke, dass das schon was damit zu tun hat, ob die Poren Luft kriegen oder nicht. Wenn ich manchmal sehe, was junge Mädchen sich schon alles ins Gesicht schmieren! Erstens mal sieht es so was von unnatürlich aus, und zweitens kann das doch nicht gut sein, oder?

Nun gebe ich noch einen Tipp, den ich wirklich auch selbst beherzige: Ich sagte es schon: Cremen. Es muss keine Creme für zweitausend Euro sein, auch keine für zweihundert, es genügt eine gute, mittelpreisige Creme, die man dann aber auch wirklich regelmäßig und täglich benutzen sollte. Ich zelebriere das richtig. Dreimal die Woche Gesichtspeeling, dann eine Maske. Ich liebe die Tuchmasken, aber auch die mit Heilerde, man hat das Gefühl, seiner Haut wirklich etwas Gutes zu tun.

Es muss nicht immer das Teuerste sein, das ist völliger Quatsch.

Regelmäßigkeit heißt hier das Zauberwort und es gilt in jedem Fall für mich!

Liebe Frauen, schmiert euch eure Gesichter doch nicht so voll. Meistens sieht das nämlich überhaupt nicht gut aus. Man sieht einfach, dass es Make-up ist. Oder Puder. Es sieht oft maskenhaft aus. Natürlich ist es was anderes, wenn man auf einen Ball geht oder ins Theater oder auf sonst irgendein Event. Aber im Alltag? Nee.

Ich kenne übrigens keinen Mann, der überschminkte Frauen gut findet.

Die wenigstens finden übrigens auch künstliche Brüste gut. Aufgespritzte Lippen. Hatten wir schon. Extensions. Überlange Fingernägel mit kleinen Äffchen darauf, die Bananen essen. Nee.

Seht doch einfach so aus, wie ihr ausseht.

Ach so, und wo wir gerade dabei sind: Kein Mann achtet auf Schuhe. Das mal nur so am Rande erwähnt. Zusätzlich würden sich Männer lieber entleiben, als freiwillig mit einer Frau Schuhe kaufen zu gehen.

Das soll jetzt nicht heißen, dass man insgesamt als Frau rumlaufen soll wie Gerlinde Strullenkötter, natürlich soll man gepflegt und nett und, wie Oma sagte, stets adrett, aussehen, aber doch nicht so überschminkt und überschuht und überstylt. Gut möglich, dass ich mit dieser Einstellung falsch liege, es ist meine Meinung und eine solche darf ja jeder haben.

Letztendlich gilt natürlich: jede, wie sie's mag.

Ich finde den Mittelweg am schönsten: Weniger ist oft mehr.

Wir machen uns locker mit den Dingen, die wir nicht ändern können

Kennen wir, oder? Sachen, die uns wahnsinnig machen, die wir aber nicht ändern können.

Wie sollen wir nur damit umgehen? Nein, es ist nicht immer einfach, ich weiß! Aber man kann dran arbeiten ...

Tief einatmen, ausatmen, weiteratmen. – Nun ja.

Oder: einfach mal ausrasten, weil man Dinge nicht ändern kann. Oder Wein sagen.

Ich fange mal an:

Mein Mann ist seit Corona im Homeoffice. Ich bin schon die ganze Zeit im Homeoffice, denn ich arbeite nur von zu Hause aus. Das klappte auch bislang ganz wunderbar. Dann also die Tatsache: Er ist zu Hause.

Nun könnte man annehmen, dass ich gar nicht begeistert davon war, aber das stimmt nicht. Ich neige dazu, die Dinge pragmatisch zu sehen, und redete mir ein, dass das doch schön ist. Man kann zwischendurch mal ein Schwätzchen halten, isst zusammen Mittag und ömmelt nicht mehr alleine vor sich hin.

Aber so einfach war das nicht. An seinem ersten Homeoffice-Tag stand mein Mann wie immer um sechs Uhr dreißig auf und verlangte von mir, dass ich das auch tat.

Denn nun – seine Logik – waren wir ja beide im Homeoffice, außerdem fängt der frühe Vogel den Wurm.

Nun ist es nicht so, dass ich niemals in meinem Leben um halb sieben aufgestanden bin. Wenn ich früher beim Radio Frühsendung hatte, bin ich sogar um halb vier aufgestanden, weil ich ja noch in den Sender fahren musste, also kann man mir nicht vorwerfen, die Morgenstunden nicht genutzt zu haben.

Aber mein Morgenritual sieht anders aus. Ich trinke Kaffee im Bett, lese schon mal Mails, gucke Nachrichten und spiele dann eventuell noch ein Ründlein Candy Crush. Ja, ich weiß, ist grenzdebil, aber ich mag es, wenn die Dreierreihen explodieren. Das gibt mir ein Gefühl der Zufriedenheit. Das ist also so mein morgendlicher Ablauf. Spätestens um neun Uhr sitze ich an meinem Arbeitsplatz und ich finde, das ist eine moderate Zeit. Es ist ja nicht so, dass ich abends erst den Rechner hochfahre. All die Jahre habe ich also problemlos meinen Tagesablauf gelebt.

Das sollte sich nun ändern.

»Wenn man früher aufsteht, kann man mehr arbeiten«, sagte mein Mann streng. »Wenn man sich gehen lässt, wirkt sich das auf die Arbeit aus.«

»Ich lasse mich nicht gehen.«

»Du hast noch deinen Pyjama an.«

»Ich liege ja auch noch im Bett.«

»Eben«, kam es streng. »Ich finde, du stehst jetzt auf.«

Das war an seinem ersten Homeoffice-Tag. Um Diskussionen zu vermeiden, bin ich dann aufgestanden.

Er machte Frühstück. Ich hatte vorher nie gefrühstückt, aber das fand ich jetzt nicht so schlimm, es war schön, zu frühstücken.

Aber dann ging es los. Folgende Sätze beziehungsweise Fragen prasselten auf mich ein:
- Wieso hast du denn in deinem Arbeitszimmer das Fenster auf?
- Warum guckst du denn einen Film?

- Warum guckst du denn noch einen Film?
- Wann wollen wir denn essen?
- Was wollen wir denn essen?
- Ich finde, du machst das Fenster jetzt zu.
- Wieso gehst du denn weg? Ach so, einkaufen.
- Weshalb guckst du denn so genervt?
- Es hat geklingelt.
- Was wollte denn der Paketbote?
- Wir sind doch nicht die Aufbewahrungsstelle für die Nachbarn. Das ist ja wohl das Allerletzte.
- Es hat geklingelt.
- Nein, ich mach nicht auf, ich bin am Arbeiten.
- War das wieder ein Paketbote? Wie viele Paketboten gibt's denn hier?
- Kochst du?
- Wann kochst du?
- Wohin gehst du?
- Wann kommst du wieder?
- Ich glaube, wir stellen deinen Schreibtisch mal um.
- Ich finde, du hast in deinem Arbeitszimmer zu viele Bilder an der Wand.

Und so ging das weiter und weiter. Es war entsetzlich.

Nun hatte ich zwei Möglichkeiten: Entweder ich würde jeden Satz, jede Frage auf mich einwirken lassen und entsprechend reagieren, was definitiv zu einem Streit führen würde, oder aber ich ließ ihn einfach reden.

Es ist nämlich so, und das stimmt wirklich, dass sich Menschen in unserem Alter nicht mehr groß verändern. Man ist so, wie man ist, und mein Mann ist nun mal ein kleiner Kontrollfreak. Also, was tun?

Nein, ich habe nicht klein beigegeben. Ich habe irgendwann einfach nicht mehr geantwortet, eine Tatsache, die viele Menschen, er auch, unerträglich finden. Nichts zu sagen kann so viel aussagen.

Und dann hat er's auch kapiert und fragt jetzt nur noch die Hälfte, beziehungsweise er gibt sich die Antworten selbst.

So ungefähr:
- Warum hat denn der Paketbote schon wieder bei uns geklingelt, ach, bestimmt, weil er ein Paket für die Nachbarn hat.
- Wieso ist denn in deinem Arbeitszimmer das Fenster auf, ach bestimmt, weil du es gern luftig hast.
- Warum gehst du denn einkaufen, ach, bestimmt, weil wir Milch und Butter brauchen.

Ansonsten lass ich ihn. Er hat ein bisschen was kapiert, es nervt nicht mehr so sehr wie früher, mit dem Rest kann ich leben, ich werde ihn nicht ändern und ich werde auch die Situation nicht wirklich ändern können. Also lass ich ihn meistens machen und stelle innerlich auf Durchzug. Geht alles. Geht doch.

Dann hätten wir noch eine Situation, die sich schwer ändern lässt oder ließ.

Wir wohnen in einem alten Haus und haben überall Holzdielen. Das zu erwähnen ist deswegen wichtig, weil ich einige Monate lang kurz vor einem Nervenzusammenbruch stand. Ich bin wirklich kein geräuschempfindlicher Mensch und hart im Nehmen, aber was zu viel war, war zu viel. Es ging um die neu eingezogenen Nachbarn über uns.

Drei kleine Kinder. Drei.

KAPITEL 4 LIEBER LÄNGER LUSTVOLL LEBEN

Folgende Situation:
Sonntagmorgen, halb sechs. Dusch, dong, dusch, dusch, dong, klong, klong, dusch! Und wieder und wieder wurde ein lustiger Turm aus Bauklötzen gebaut und dann zum Einsturz gebracht. Über unserem Schlafzimmer. Gewiss, nun kann man senkrecht im Bett sitzen und mild denken, dass es ja Kinder sind, aber am Sonntagmorgen um halb sechs ist das nicht so einfach, zumal am Vorabend Gäste da waren und es ein wenig später geworden ist, um nicht zu sagen sehr spät. Aber das interessiert die Würmer da oben nicht. Die sind wach, weil sie ja schon seit 20 Uhr am vorigen Tag geschlafen haben.

Dusch, dong, dong.
Nun hat man zwei Möglichkeiten, eigentlich drei.
- Man informiert die Hausverwaltung.
- Man nimmt Ohrenstöpsel.
- Man rastet komplett aus.

Ich dachte unablässig darüber nach, was am besten sein könnte. Die Bauklötze schienen mir mit ihren kleinen Besitzerinnen zu folgen, jedenfalls hörte es nicht auf zu scheppern. Dusch, dong. Es war furchtbar.

Mein Mann natürlich: Unmöglich, ich geh da jetzt hoch und mach die rund.

Ich natürlich: Nein, mach das nicht (ich will doch eigentlich eine gute Nachbarin sein).

Dann rief ich eine befreundete Rechtsanwältin an.
Sie: »Bist du irre?
»Warum?«
»Es ist acht Uhr morgens.«
»Ach so.« Wenn ich nicht schlafen kann, braucht niemand

zu schlafen. »Hör mal, Frauke. Wie ist das denn mit kleinen Kindern und Lärm?«

»Was soll damit sein?«

Ich schilderte die Situation.

»Vergiss es.«

»Was heißt das?«

»Kinder dürfen Lärm machen, das trägt zu ihrer Entwicklung bei.«

»Aber doch nicht morgens um halb sechs. Am Sonntag!«

»Was ist denn das für ein Lärm? Zünden sie Raketen? Brennt etwas?«

»Natürlich nicht. Sie bauen Türme aus Bauklötzen und werfen die dann um.«

»Vergiss es.«

»Aber sie könnten doch wenigstens ein Handtuch drunterlegen.«

»Dann macht es aber nicht so viel Spaß. Lärm bei Kindern ist etwas ganz Natürliches.«

Mir schwoll der Kamm. »Das heißt, da kann man nichts machen?«

»Exakt.«

Resigniert legte ich auf. Oben wurde jetzt mit einem Bobby Car der Flur unsicher gemacht. Drrrrrräng, drrrrrräääääng!

Dann: BÄMM! Offenbar musste eine Tür dran glauben.

Hoffentlich splittert der Lack ab, dachte ich böse. Hoffentlich ist ein Loch in der Tür. Vielleicht kann man sie jetzt nicht mehr schließen, weil alles verzogen ist, hähä.

Nicht nur sonntags war Lärm, sondern auch ständig an den Wochentagen. Wenn man zu Hause arbeitet, kann das zermürben.

Ich rief bei der Hausverwaltung an.

»Tja«, bekam ich zu hören. »Ich kann eine Mail schreiben, aber ob das was nützt, weiß ich nicht. Rechtlich ist die Sache klar.«

»Ja, Kinder dürfen Lärm machen«, sagte ich. »Aber doch nicht immer.«

»Lärm gehört zur kindlichen Entwicklung.« Ich hörte, dass er »Punkt« sagte, ohne dass er es sagte.

»Alles klar, danke.« Wofür eigentlich danke?

»Die Nebenkostenabrechnung ist übrigens da, schicke ich gleich los.«

»Wunderbar.«

Über Nebenkostenabrechnungen freut man sich doch immer. Gerade dann, wenn man was nachzahlen muss.

Der Lärm hörte nicht auf. Er hörte nicht auf. Ich wartete schon drauf. Wurde nervös, wenn es später als sieben Uhr losging. Hoffnung keimte auf. Würden sie das Haus verlassen, eventuell in eine Kita gebracht werden?

Dusch, dong, dong, bääääääääm!

Ich stopfte mir Stöpsel ins Ohr, was zur Folge hatte, dass ich Telefon und Türklingel nicht mehr hörte und auch nicht meinen Mann, bis er mir auf die Schulter klopfte, woraufhin ich fast einen Herzschlag bekam.

»So geht das nicht«, sagte er. »Das geht so nicht.«

»Uns sind die Hände gebunden.«

Dann setzte ich mich hin, sah auf die Ohrenstöpsel und merkte, dass das auf Dauer unmöglich eine Lösung sein konnte.

Es musste aber eine geben, es musste.

Ich erzählte alles meiner Freundin Alex.

»Wenn du jetzt sagst, dass Kinderlärm ertragen werden muss, drehe ich durch«, sagte ich dann.

»Sage ich ja gar nicht, aber da musst du entweder durch, die Kinder werden ja älter, oder aber du gehst einfach mal hoch und redest mit der Nachbarin.«

Mit der Nachbarin reden??

»Ja, das wäre doch ein guter Mittelweg.«

Ach. Mittelwege sind ja nicht das Schlechteste. Ich ärgerte mich. Warum war ich nicht selbst darauf gekommen?

»Also ich wär schön längst oben gewesen, wenn du mich nicht aufgehalten hättest!«, blökte mein Mann mich an.

»Es geht nicht um Gewalt, es geht um Deeskalation«, meinte ich dann und ging hoch.

Eine völlig fertig aussehende Frau öffnete mir.

»Guten Tag.« Ich brachte mein Anliegen vor.

Sie sah mich aus großen Augen an. »Oh.«

»Äh, ja.«

»Das tut mir so leid. Ach, ich kann bald nicht mehr. Wissen Sie, ich bin alleinerziehend und das ist manchmal nicht so einfach. Ich bin … eigentlich bin ich völlig fertig.«

O Gott!

»Ich bin so müde«, sagte die Frau und nun traten Tränen in ihre Augen. »So müde. Ich möchte so gern mal drei Stunden am Stück schlafen, aber …«

Das war ja entsetzlich. Die Nachbarin tat mir unglaublich leid und ich meine, ich hätte schon mal erwähnt, dass ich gern helfe.

»Wissen Sie was«, sagte ich spontan. »Ich gehe jetzt mit den Kindern auf den Spielplatz im Park und Sie schlafen sich mal richtig aus.« Warum tat ich das, warum?

Jetzt liefen die Tränen ihre Wangen hinunter. Am liebsten hätte ich ihr einen Kakao gekocht und sie mit einer Wärmflasche ins Bett gesteckt, und da kamen auch schon die drei kleinen Kobolde angerannt und begutachteten mich interessiert.

»Wer bist du?«
»Warum bist du?«
»Kannst du uns was vorlesen?«
»Kannst du einen Handstand?«
»Machst du uns Pommels?«
»Mit Kätttttttschaaaaapppppp!«
»Und dann Pudding mit Himbeersoße.«
»Jaaaaa!«

Ich mach es kurz. Den Rest des Tages verbrachte ich mit den drei reizenden Mädels auf dem Spielplatz und in unserer Wohnung, woraufhin mein Mann die Scheidung in Erwägung zog.

Die liebe Nachbarin schlief bis zum Abend.

Und was brachte ich den dreien bei?

»Krach ist sooo uncool. Es ist viel cooler, leise zu spielen.«
»Ääääääächt?«
»Ja, ächt. Guck mal, hier haben wir eine Wolldecke, und die breiten wir auf dem Boden aus und dann wird darauf gespielt.«
»Cooooooool.«

»Ich hätte schon längst ein paar Teppiche besorgt«, sagte die halbwegs ausgeschlafene Mutter später dankbar. »Aber ich komme zu nichts.«

»Ach, das macht nichts. Ich kann die doch mit den Kindern besorgen«, sagte ich fröhlich, warum auch immer.

»Du bist irre«, meinte mein Mann.

»Nee, das ist der beste Weg«, war meine Meinung und ich denke, damit liege ich richtig.

Denn ich hatte auch mal ein kleines, lebhaftes Kind. Mein Sohn ist mittlerweile 34 und spielt nicht mehr mit Bauklötzen, aber er hat es getan.

Und warum soll man nicht mal helfen?

Oh, es hat geklingelt. Die Kinder kommen.

Ich hatte ihnen versprochen, in den Niendorfer Park zu fahren. Ponyreiten. Dann komm ich auch mal an die Luft.

Merke: Es gibt für alles eine Lösung, und manchmal liegt sie ganz nah. Natürlich sollte man es nicht übertreiben, aber so ein wenig Hilfsbereitschaft unter Nachbarn hat doch noch niemandem geschadet.

Bereit für neue Freundschaften?

Wie viele Freundschaften braucht man eigentlich? Und was ist mit den neuen Menschen, die ins Leben treten?

Es gibt Leute, die haben einen so riesigen Freundeskreis, dass einem fast schwindelig wird. Wenn ich mit einer Bekannten telefoniere, um ein Frühstückstreffen auszumachen, erzählt sie mir erst mal stundenlang, wen sie wo getroffen hat, und da sei sie bei dem auf der Ausstellung gewesen und morgen ist sie da und dann im Musical mit der und der, und am Wochenende ist das und das, und ich denke dann jedes Mal: Bin ich unnormal? Bin ich so was wie ein Freundschaftsautist? Denn die Vorstellung, jeden Tag mit jemand anderem woanders unterwegs zu sein, macht mich ganz nervös.

Immer, wenn neue Leute in mein Leben treten, halte ich irgendwann die Luft an, denn manchmal wird es einem einfach zu viel. Ich darf nämlich von Glück sagen, dass ich wahnsinnig gern allein bin. Also ich bin nicht wunderlich oder so, laufe auch nicht brabbelnd durch meine Wohnung und spreche mit den Pflanzen (nur manchmal mit meinem Bonsai, der immer kurz vorm Eingehen ist, sich dann aber wieder berappelt, was ich mit Streicheleinheiten und lieben Worten belohne), sondern ich mag es schlicht und ergreifend, wenn keiner da ist, ich nirgendwo hinmuss und einfach so zu Hause sein kann. Herrlich. Es gibt einen Spruch von Harald Juhnke: *Keine Termine und leicht einen sitzen.* Find ich gut, hab ich als Stickbild, natürlich selbst gestickt.

Da ich ja mittlerweile auch wieder aus der Badewanne aussteigen kann, bade ich gern mit einem schönen Glas Rotwein (ich weiß, Alkohol ist ein Nervengift), ich mache dann meine Nägel und setze mich im Sommer einfach alleine auf den

Balkon. Dann brauche ich keine anderen Menschen, noch nicht mal meinen Mann, obwohl ich gern mit ihm zusammen bin.

Da ich eine gute Freundin für meine bestehenden Freundschaften sein will, habe ich mir sogar eine Liste angelegt. Ja, man darf mit dem Kopf schütteln, aber diese Liste ist toll.

Alle Namen der Menschen, die mir wichtig sind, stehen drauf, und damit meine ich nicht nur Freunde, sondern auch Bekannte.

Es sind insgesamt elf Namen, und hinter diese Namen schreibe ich, wann der letzte Kontakt war, wann ich mich mal wieder melden muss und so weiter. Vielleicht bin ich bekloppt, keine Ahnung, aber diese Liste funktioniert ganz hervorragend, denn so bin ich immer auf dem neuesten Stand, was Freund- und Bekanntschaften betrifft.

Ich finde es dann auch sehr schön, wenn ich mit den Leuten telefoniere und mich treffe, und immer ist es nett.

Aber man muss wirklich was dafür tun, nicht so viel wie für die beste Freundin, aber schon etwas. Man muss sich auf den neuesten Stand bringen, zuhören, Ratschläge geben, mit irgendwas mitfiebern, Hilfe anbieten (nur nicht mehr für Umzüge, aus dem Alter bin ich raus), aber natürlich sollte man auch darauf achten, dass einem selbst zugehört und geholfen wird.

Und was ist nun mit neuen Leuten?

Früher war ich immer so: »Oh, der/die ist aber nett! Hallo, du bist ja nett, wollen wir zusammen das und das machen, kann ich dir helfen, brauchst du was, oh, ja klar komm ich auf deine Fete!«

Heute: »Hallo.«

Ich bin mittlerweile verhaltener geworden. Und auch vorsichtiger. Das kommt halt auch mit dem Alter. Mit fast 60 ist man nicht mehr so unbedarft wie mit 20 oder 30. Da schaut man – hoffentlich – ein bisschen genauer hin. Ich persönlich bin auch anspruchsvoller geworden. Es dauert länger, viel länger, bis ich jemanden in mein Leben lasse, und das ist auch, vermute ich, ganz gesund so. Meine Zeit ist mir einfach zu kostbar, um sie mit Leuten zu verplempern, mit denen ich eigentlich nichts anfangen kann.

Ein Beispiel:

Ich hatte auf einer Geburtstagsfeier eine Frau in meinem Alter kennengelernt, die ganz in meiner Nähe wohnt. Wir haben uns nett unterhalten und haben dann beschlossen, einen Kaffee zusammen zu trinken.

Gesagt, getan, wir trafen uns, und sie hat nur, wirklich nur, von sich erzählt. Der Ex-Mann unterschlägt ihr Geld und hat eine Jüngere, sie muss aus ihrer Wohnung ausziehen, weil sie sich die nicht mehr leisten kann, sie kann auch nicht mehr zum Friseur, zu teuer – sie vermittelte mir ununterbrochen das Gefühl, dass ich sie unterstützen sollte. Ich fühlte mich nicht wohl. Auf der Party war die Situation eine andere gewesen, man war unter Leuten, hatte was getrunken, es war noch nicht so intim.

Da ich hin und wieder immer noch schlecht Nein sagen kann, habe ich mich dann noch ein paarmal mit dieser Frau getroffen – obwohl ich das eigentlich gar nicht wollte – und niemals hat sie mich auch nur einmal gefragt, wie es mir geht oder so.

Das ist ein klarer Fall von: es sein lassen. Das wird nie eine Freundschaft werden, nie. Sondern nur ein Geben, nie Nehmen.

Dann wiederum gibt es Leute, die lernt man kennen, es ist nett, aber mehr auch nicht. Aber es ist wirklich nett. Warum sollte man nicht eine lose Bekanntschaft mit ihnen führen? Es muss keine tiefe Freundschaft sein, es geht auch immer eine Nummer kleiner!

Ich habe eine Reihe solcher Bekanntschaften und die pflege ich genauso wie die Freundschaften. Diese Bekannten sind alle nett und okay, es macht Spaß, sich mit ihnen zu treffen, hin und wieder, aber mehr auch nicht. Man kann hier auch diesen Mittelweg einschlagen, finde ich, damit fährt man ganz hervorragend!

Mit diesen Bekannten kann man auch Dinge unternehmen, klar. Und Spaß haben, zum Beispiel auf Ü-50-Partys.

Ü-50-Partys! Yeah!

Hahaha! Nein, ich verschone niemanden damit. Man muss es einfach erleben. Dies hier ist eine Verneigung vor den Menschen, die Ü-50-Partys veranstalten, und denen, die hingehen. Ich gehöre auch dazu.

Bettina hatte mich gefragt. Sie ist zwei Jahre älter als ich und findet, es müsste auch Ü-60-Partys geben, auch wenn da Leute mit Sauerstoffgerät und Rollator herumhüpfen.

Willkommen jedenfalls auf einer Ü-50-Party. Es war zu schön, endlich wieder die Musik der 80er-Jahre zu hören! Als wir ankamen, lief *Tainted Love* von Soft Cell, 1981, und ich musste sofort an meinen Schwarm Jasper denken und dass dieser Holzkopf es nicht geschnallt hat, dass ich total verknallt in ihn war. Oh Himmel, was hab ich mein Tagebuch vollgekritzelt. Jasper hinten, Jasper vorne, *Ich liebe ihn so sehr, warum merkt er das nicht. Gestern hab ich ihm einen Zettel geschrieben: Willst du mit mir gehen? Aber er hat nicht geantwortet!* Was wohl aus ihm geworden ist? Während Bettina uns Cocktails mit Sonnenschirmchen besorgt, googele ich nach Jasper und mich trifft fast der Schlag. Aus ihm ist ein Ökozausel geworden, der Liegerad fährt und Ziegenkäse herstellt, den er auf Wochenmärkten verkauft. Dr. Google weiß noch mehr: Jasper ist verheiratet mit einer Dörte, auf einem Foto winken sie beide in die Kamera, vor sich Ziegen und Kinder, und ich sehe mit Entsetzen, dass Dörte keine Achselhaare hat, sondern einen Achselwald. Und Jasper! Er sieht nicht mehr aus wie Jasper, er hat lange, strähnige Haare, die er bestimmt wegen der Umwelt nicht so oft wäscht, und er trägt eine bestimmt gebatikte lila Latzhose und mit Sicherheit – das kann man nur auf dem Foto nicht sehen – Jesuslatschen, wie man sie früher trug.

Ich bin froh, dass er damals nicht auf meine Frage geantwortet hat, wer weiß, wo ich heute wäre!

Ach je, jetzt läuft *Last Night a DJ Saved My Life*. Grundgütiger, wie lange ist das her! Ich habe mir gemeinsam mit Jusch Hennafarbe in die Haare geschmiert, wir kauften Samtschläppchen in der Mexiko-Boutique oder bei Cri-Cri in Frankfurt, ich trug duftende indische Kleider und natürlich Patschuli-Parfüm, was denn sonst bitte, und wir haben Pistazientee getrunken und über Atomkraft diskutiert. Popper fanden wir asoz, wir waren die Freaks, die Ferdischen, wie sie in Hessen genannt wurden. Gott, meine musealen Erinnerungen überrumpeln mich gnadenlos. Plötzlich rieche ich wieder den Geruch unserer Schulturnhalle und sehe meine alte Schule vor mir. Grüne Filzplatten auf dem Boden, O-Saft im Schulkiosk, Herzklopfen, wenn Jasper/Tom/Reinhard mir entgegenkamen. Konfi-Freizeit in Kastellaun, Sonntagmorgen bei Miri frühstücken mit frischen Brötchen und Mandelmus mit Erdbeermarmelade. Wo ist die Zeit geblieben?

Die Musik reißt uns mit und ich fange nach dem Cocktail an zu tanzen wie eine Besessene. Ich muss keine Angst haben, dass jemand über mich lacht, weil ich alte Kuh hier herumhopse. Alle anderen sind auch in meinem Alter. Meine Stimmung besteht aus einer Mischung: Erinnerungen, Wehmut und Freude. Denn immerhin, ich bin hier, ich lebe und ich bin noch gut dabei. Wenn man überlegt, dass die Wikinger nur so 30 geworden sind, wenn sie nicht sowieso vorher an einem vereiterten Zahn starben, kann ich mich doch glücklich schätzen.

Ich tanze wie früher, also peinlich. Ausgestreckter Arm, mit dem Zeigefinger jemanden zu sich ranwinken, die Hand über die Augen, wuuuhuuu!

Dann passiert das Unglaubliche: Zwei Männer tanzen Bettina und mich an! Ich bin 58 und werde angetanzt! Das muss man sich mal vorstellen!

Der Galan, der sich für mich interessiert, heißt Bernie, ist 65 und züchtet Labradore. Sagt er. Sein Lieblingsfilm ist *Grüne Tomaten*, den könnten wir ja mal zusammen gucken. Ich kenne keinen Mann, dessen Lieblingsfilm »Grüne Tomaten« ist, keinen. Bernie ist geschieden und geht sehr in seiner Oparolle auf. Die beiden Enkel sind sein Ein und Alles. Bernie ist ein wenig zu perfekt. Ich sehe einen Ehering. »Wieso trägst du einen Ehering?«

»Ach so«, antwortet er. »Ich bin verheiratet.«

»Aber du hast doch erzählt, du seist geschieden.«

»Ja, aber dann hab ich wieder geheiratet.«

Alles klar. Bernie hat sich eine Lebensgeschichte zusammengebastelt, um abzuschleppen.

»Der ärgert sich, dass er den Ring nicht ausgezogen hat«, ist sich Bettina sicher. »Garantiert zieht er den sonst nicht an, wenn er hier ist.«

Egal. Ich muss Bernie ja nicht heiraten. Ich will auch nicht *Grüne Tomaten* mit ihm gucken. Ich will einfach nur tanzen.

Dann kommt ein neuer Mann auf mich zu. Eddi. Wir tanzen wie zwei Steinzeitmenschen um ein Lagerfeuer und singen lauthals *West End Girls* von den Pet Shop Boys mit. Wie lange hab ich das nicht mehr gehört!

An der Bar strahlt Eddi mich an und noch wirkt er sympathisch. Dann fragt er: »Hat's wehgetan, als du vom Himmel gefallen bist?«

Oh bitte, solche Sprüche gehen gar nicht. Hier meine Top Ten der schlimmsten:
1. Als Gott dich schuf, wollte er sicher angeben.
2. Bist du Innenausstatterin? Als du hereinkamst, wurde der ganze Raum schöner.
3. Darf ich meinen USB-Stick in deinen USB-Port stecken?
4. Es sind so viele Sterne am Himmel – holst du mir einen runter?
5. Ich bin vom TÜV, darf ich mal deine Hupen testen?
6. Kann ich mal deinen Puls fühlen, du siehst so erregt aus.
7. Die Farbe deiner Augen passt super zu meiner Bettwäsche!
8. Ich liebe dein linkes Bein wie Weihnachten und dein rechtes wie Ostern. Darf ich zwischen den Feiertagen mal vorbeischauen?
9. Hast du in der Sonne gelegen, oder warum bist du so heiß?
10. Merk dir meinen Namen, du wirst ihn die ganze Nacht schreien.

Es geht eben immer noch schlimmer.

Eddi jedenfalls kommt aus Pinneberg und macht »in Versicherungen«. Er erzählt mir eine Viertelstunde lang, dass eine Krankenversicherung für Hunde enorm wichtig sei.

»Ich habe keinen Hund.«

»Dann solltest du dir einen zulegen, und ich versichere den dann.«

Es ist wirklich lustig, was für Leute es gibt.

Wir tanzen um unser Leben, Bettina und ich. Als wär's das letzte Mal. Ach, es ist so lustig und macht solchen Spaß. Und dann gibt's auch noch einen Moonwalk-Wettbewerb, und lauter angeschickerte Kerle versuchen, Michael Jackson zu imitieren, was den wenigsten gelingt. Aber allein das Zuschauen ist grandios.

Werte Damen, macht euch fertig, zieht euch was Cooles an und malt euch Smokey Eyes. So eine Ü-50-Party hat definitiv was. Man sollte bloß nicht davon ausgehen, hier den Mann fürs Leben zu finden. Ein bisschen hat so eine Party was von den Kurgast-Tanztees, die es in meiner Heimatstadt Bad Nauheim, glaube ich, heute noch gibt. So ein bisschen angestaubt, aber nach zwei Cocktails ist alles schön!

Weil wir gerade dabei sind und ich die 1980er-Jahre erwähnte, möchte ich hier noch mal reinschauen in dieses Jahrzehnt, das viele von uns so nachhaltig geprägt hat.

Ich bin 1966 geboren, war also 14, als die 1980er anfingen, und es ist so unglaublich, was ich erlebt habe, sei es mit Miri, mit Jusch, mit Andi oder meiner alten Clique, die einen harten Kern hatte: Frank, Rainer, Rüdi, Urte und ich. Es kamen Leute dazu und manche waren dann wieder weg. Wenn ich an diese Zeit zurückdenke, ist es, als hätte das ganze Leben aus Perlen an einer Schnur bestanden. Wir waren so jung, wir waren verrückt, was haben wir alles angestellt! Und natürlich hatten wir alle immer zu wenig Geld und mussten uns etwas einfallen lassen. Olli und ich liehen uns im Kostümverleih Smoking und Brautkleid und wir fuhren mit Rüdis Suzuki LJ nach Frankfurt, um dort in Kneipen einzufallen. Damals war es so üblich, dass Brautpaare und ihr Gefolge vom Wirt ein Getränk spendiert bekommen haben. Wir zogen von Kneipe zu Kneipe und das neue Geschäft lief so gut, dass wir es am Wochenende drauf gleich wieder machten. Ich weiß heute nicht mehr, warum wir uns nicht gemerkt hatten, in welchen

Kneipen wir schon waren, Tatsache aber ist, dass wir zum zweiten Mal in einer einfielen, und der Wirt hat uns merkwürdigerweise erkannt und ich weiß noch, dass eine Riesendiskussion begonnen hat, von wegen die Rechnung von letzter Woche sollte bezahlt werden und so weiter. Es endete, wie es enden musste: in einer Klopperei, in die ich zum Glück nicht involviert war.

Du meine Güte, was hatten wir einen Spaß. Wir waren 17, 18, 19, das Leben lag vor uns wie ein glitzernder See und an so was wie »Ist meine Rente auch sicher?« oder überhaupt an das Alter haben wir nicht gedacht. Nie.

Wir lebten gut und wir lebten fröhlich, und wir haben es richtig gemacht. Ich wünsche jedem, dass er so eine herrliche Jugendzeit hatte! Mit der Clique von damals ist es übrigens wie mit Miri: Auch wenn es Jahre her ist, dass wir uns gesehen haben – es ist immer wieder, als wäre kein Tag vergangen.

Herrlich ist das!

Ich hoffe wirklich für jede Leserin, dass sie es ebenfalls hat krachen lassen, dass sie gelebt und geliebt hat und heute zurückguckt und sagt: Ja, es war einfach eine geile Zeit!

Tabuthema Sterben. Warum?

Kein leichtes Thema, aber eins, das uns alle angeht, niemand wird drumherum kommen, es ist einfach so: Wir alle werden irgendwann sterben. Der eine früher, der andere später, der andere viel später.

Mit dem Sterben ist es wie mit dem Leben, man weiß nicht, was wann kommt.

Viele können sich glücklich schätzen, haben sie doch ein langes, schönes Leben. Meine Schwiegermutter zum Beispiel ist 93 Jahre alt. Sie hört schwer und sieht schlecht, aber sie ist fit im Kopf, spielt noch jeden Tag mit ihrer Nachbarin Karten und ist zufrieden. »Ich hatte ein langes und schönes Leben«, sagt sie, die zur Kriegsgeneration gehört und auch einiges mitgemacht hat. Ich fragte sie mal, ob es sie nicht stört, dass sie kaum mehr fernsehen, gar nicht mehr lesen und schlecht hören kann. Aber sie ist da pragmatisch. »Ich kann es ja nicht ändern.«

Mit dem Tod rechnet meine Schwiegermutter seit einigen Jahren täglich. »Es kann immer passieren.«

Deswegen waren wir auf insgesamt fünf Abschiedstouren in ihrer 150 Kilometer entfernten Geburtsstadt, um alles »ein letztes Mal anzusehen«. Fünf Mal. Wir taten es gern.

Sie hat das getan, was ich auch mal tun werde: eine Sterbeversicherung abgeschlossen. Es ist alles geregelt, alles bezahlt. Sie will niemandem zur Last fallen.

Natürlich gibt es auch andere Menschen, die weniger Glück haben.

Die mutterseelenallein in einem Pflegeheim vor sich hinvegetieren und auf den Tod warten. Das ist so gruselig.

Nur, was soll man tun?

Zuallererst mal eine Patientenverfügung und eine Vorsorgevollmacht haben. Das ist ganz wichtig. Dann ein Testament, das ist dann wichtig, wenn beide Kinder haben. Ein Berliner Testament sichert den Hinterbliebenen ab.

Und dann sollte man dafür sorgen, dass man nicht zu viel Kram hinterlässt, das ist ja nur nervig für die, die sich dann kümmern müssen.

Irgendwann werden wir uns wohnungsmäßig auch mal verkleinern, und ich weiß nicht, wie das werden soll. Wir haben viel zu viel Kram, allein die Abstellkammer ist randvoll mit Kram, den mein Mann »einfach nicht aussortieren kann«.

Beispiele? Gern:
- Zwölf Thermoskannen, teilweise verbeult, teilweise mit undichtem Verschluss.

Warum kann man das nicht wegwerfen? »Da hängen Erinnerungen dran, und die da hatte ich schon mal verloren und wiedergefunden.«

- Neun Garnituren Ölzeug. Für Nichtsegler: wasserdichte Kleidung.

Warum kann man da nicht welche weggeben? »Das da hab ich 1981 getragen, das passt bestimmt noch. Und das da ...« und so weiter.

- Reiskocher, Fritteuse, Teekochautomat, Kaffeetassen mit hirnlosen Aufdrucken, 15 Plastiktrinkflaschen, Vakuumierer, Kaffeevollautomat, an dem »nur der Stecker ausgetauscht werden muss« – seit 20 Jahren, hunderte Meter Bläschenfolie, gebrauchte wattierte Umschläge (wegen der Umwelt), die keiner jemals wieder benutzen will.

Warum kann man das nicht wegwerfen, verschenken oder was weiß ich? »Bist du verrückt? Auf der Tasse hier steht ›Hirnfrei‹. Die hab ich zum 18. Geburtstag bekommen. Und den Reiskocher wolltest du unbedingt haben, und in der Fritteuse ist ja auch noch Fett drin, das kann man mehrfach benutzen.« Klar, 1977 zum ersten und letzten Mal benutzt, das macht bestimmt Spaß, die Pommes zu essen.

Und so könnte ich ewig weiterschreiben, aber man muss ja beim Wesentlichen bleiben.

Wir alle müssen also irgendwann sterben. Wir sollten es unseren Nachfahren und auch uns so einfach wie möglich machen.

Und wir sollten nicht vergessen, ich habe es ganz am Anfang schon mal angedeutet, unser Leben wirklich zu leben. Es ist sowieso kurz genug und es ist schrecklich, dass wir von Anfang an wissen, dass alles endlich ist, da haben die Tiere es doch besser.

Nichts finde ich deprimierender als Menschen, die irgendwie gar nicht richtig gelebt haben oder nur für andere da waren.

An dieser Stelle fällt mir die Geschichte von Frau K. ein, die Haushaltshilfe bei meiner Freundin Inge war. Frau K. kam aus einem Kaff in der Nachbarschaft, hatte vier Kinder großgezogen und kümmerte sich um die Enkel, die Kühe und Schweine und um die 50 Kirschbäume, die gehegt und gepflegt werden mussten. Zusätzlich pflegte sie auch noch ihre Schwiegereltern und ich meine eine richtige Pflege, mit Windeln und so weiter, das volle Programm. Jeden Tag, jede Nacht, rund um die Uhr. Dass ihr Mann mal geholfen hätte – haha. Frau K. also war nun fast 60 Jahre alt und noch nie, ich wiederhole, noch NIE, im Urlaub gewesen. Und dann erzählte sie Inge und mir, dass sie geplant habe, mit ihrer Schwester für drei Tage in den Harz zu fahren. Ja, für drei Tage in den

Harz, wir reden nicht von vier Wochen Bahamas oder Inselhopping auf den Malediven. Frau K. wollte sich auch keine Rolex kaufen. Sie wollte einfach nur drei Tage in den Harz. In eine Pension.

»Das ist doch schön«, sagte ich, obwohl ich am liebsten »Warum denn nicht länger und woanders hin und in ein Hotel?« gefragt hätte.

»Eben nicht«, meinte Frau K. »Die Kinder sagen, das würde zu viel kosten, das würde von ihrem Erbe abgehen. Und mein Mann sagt das auch!«

Inge und ich waren fassungslos.

Und ich reagierte wie ein wütender Strolch. »Frau K.! Das geht nicht. Sie fahren in den Urlaub! Versprechen Sie mir das!«

Frau K. druckste herum und es stellte sich heraus, dass das Pensionszimmer bereits storniert wurde. Das Erbe, das Erbe.

Ich war auf 180, Inge auch. Wir nahmen Frau K. in die Mangel. Über Stunden.

Eine Woche später sahen wir sie wieder. Sie sah aufgeräumt aus.

»Ich habe mich von meinem Mann getrennt«, sagte sie fröhlich und wir konnten es nicht glauben. »Das ist aber noch nicht alles!«

Natürlich wollten wir alles wissen.

»Aber ich sage es ihm noch nicht. Erst wieder, wenn ich da bin. Aber innerlich hab ich mich getrennt.«

Ach. Und?

»Er wird nämlich Augen machen. In ein paar Wochen mache ich mit meiner Schwester eine Reise.«

Ach. »Und?«

»Eine Weltreise«, sagte Frau K. heiter. »Wir haben schon einen Termin im Reisebüro ausgemacht. Das muss alles geplant werden.«

»Und wer pflegt seine Eltern?«, wollte ich wissen.

»Mein Mann«, sagte sie. »Und die Kinder. Wenn ich nicht da bin, müssen sie ja ran. Ich werde einfach wegfliegen.«

Wie lange?

»Sechs Monate!« Frau K. war nun außer sich vor Freude. »Von wegen Erbe verprassen. Die lernen mich kennen. Die kriegen aus jeder Stadt ne Postkarte, damit sie sich grün und blau ärgern.«

»Schwarz.«

»Das sowieso.«

Und was soll man sagen: Frau K. hat es gnadenlos durchgezogen.

Ich war ziemlich traurig, als ich irgendwann ihre Traueranzeige gelesen habe. Wenigstens hat sie es recht spät noch mal krachen lassen. In der Anzeige stand jedenfalls nichts von »Jetzt ruh'n der Arbeit Hände« oder so.

Ja. Es kann alles so schnell vorbei sein.

Wir sollten unser Leben richtig leben und es schön haben.

Dazu muss man natürlich eine gewisse innere Zufriedenheit haben, und die ist leider nicht jedem gegeben, dabei ist das so wichtig, und ich glaube, auch ziemlich einfach.

Ich bin ja keine Hellseherin oder Therapeutin, das, was ich wiedergebe, ist schlicht meine persönliche Meinung.

Ich glaube, wenn man folgende Punkte beherzigt, ist es leichter, ein zufriedener Mensch zu werden:

🐾 Lächelt. (Das hat auch immer die gute Frau Hamann gesagt, von der ich im nächsten Kapitel erzähle.)

- Seid neidfrei.
- Gönnt anderen, auch was ihr selbst nicht habt.
- Seid freundlich und höflich zu anderen und zu euch selbst.
- Seid hilfsbereit.
- Seid dankbar für das, was ihr erreicht habt, und damit meine ich nicht den Uni-Abschluss oder den Hausbau, auch für Kleinigkeiten kann man dankbar sein. Ich zum Beispiel bin dankbar dafür, dass ich so nette Nachbarn habe und dass es eine Menge Leute gibt, die mich mögen. Das ist doch schön.
- Hört auf, über Dinge zu meckern, die ihr sowieso nicht ändern könnt. Mein Mann ist da ein schlechtes Vorbild – er meckert wie ein Giftknochen über alles Mögliche:
  - Die haben da wieder ein Halteverbot eingerichtet.
  - Der Lidl neben dem Rewe hat keine Aktionsfläche mehr, die haben ja einen am Darm.
  - Die Frauen da an der Ampel gackern.
  - Wieso ist denn hier nur 100 erlaubt?
  - Warum machen die denn keine weitere Kasse auf?
  - Die vom Finanzamt spinnen ja.
  - Ich bin nur geblitzt worden, weil du so laut gesprochen hast.

Sich mit Dingen abfinden geht anders.

Ich kann das übrigens wunderbar. Karl Valentin hat das mal mit einem hübschen Spruch zusammengefasst: »Wenn es regnet, freue ich mich. Denn wenn ich mich nicht freue, regnet es auch.«

Das stimmt so was von.

Es ist doch wirklich einfach, zufrieden zu sein. Ich weiß, der Spruch »Gesundheit ist das Wichtigste« mag abgedroschen klingen, aber es steckt so viel Wahrheit drin. Das merkt man besonders dann, wenn man älter wird und der Wind sich irgendwann in den dritten Zähnen bricht.

Plötzlich reden alle über Prostata und Wechseljahre und über alle möglichen anderen Zipperlein. Ich selbst bin unglaublich dankbar, wenn ich von den Vorsorgeuntersuchungen zurückkomme und alles ist gut!

Mir tun die Menschen leid, die eigentlich zufrieden, sogar glücklich, sein könnten und es nicht sind, weil sie in allem nur das Schlechte sehen.

Ihr wisst gar nicht, was ihr verpasst. Das Grundgefühl ist dann einfach schöner. Ein ehemaliger Klassenkamerad hat letztens auf Insta Folgendes gepostet: »Das Leben wird sich nie fertig und geregelt anfühlen. Es gibt aber diese Momente der Achtsamkeit, in denen du sagen kannst: Alles ist gut.«

Dann haben wir doch schon viel erreicht.

So. Nun gibt es natürlich auch die Menschen, die krank sind. Ich hatte eine Leserin, Sonja, sie wohnte in Bayern und hatte Bauchfellkrebs. Sie war austherapiert und wusste, dass sie bald sterben würde. Wir kamen auf Facebook ins Gespräch, sie hatte eins meiner Bücher angefangen zu lesen und wollte wissen, ob es gut oder schlecht ausgehen würde. Ich blieb mit Sonja in Kontakt, ich schickte ihr Bücher und manchmal einfach so irgendwas, von dem ich wusste, dass sie sich darüber freuen würde. Wir telefonierten, sie erzählte mir von ihrer Krankheit, ihrem Leben davor, davon, dass sie ihren Verlobten so gern heiraten und mit ihm so gern ein schönes Leben führen würde.

Aber der Tod würde ihr einen Strich durch die Rechnung machen.

Wir telefonierten regelmäßig; manchmal haben wir sogar gelacht. Ich habe gemerkt, dass ich ihr guttue, und das war ein wunderbares Gefühl. Das Gefühl, was richtig Gutes zu tun, für jemanden da zu sein.

Wäre Corona nicht gewesen, ich wäre nach Bayern gefahren und hätte sie besucht, ganz sicher. So blieb uns nur das Telefon. Aber ich nahm teil an ihrem Leben und sie an meinem. Als es ihr schlechter und schlechter ging und sie wusste, dass es nicht mehr lange dauern würde, bat sie mich um ein letztes Telefonat, und das werde ich nie vergessen, das hab ich so fest in meinem Herzen verankert. Wir redeten lange, dann der Abschied. Sie nahm mir ein Versprechen ab: »Genieß dein Leben, Steffi. Wenn ich in den Himmel komme, pass ich von oben auf dich auf.«

Zwei Tage später war sie tot.

Ich habe Fotos von ihr und manchmal sehe ich sie an und dann gucke ich in den Himmel und hoffe, dass noch irgendwas von ihr irgendwo ist. Einmal hatte ich ein sehr warmes Gefühl, von dem ich bis heute nicht weiß, was es war.

Jedenfalls hat Sonja mich zu einem dankbareren Menschen gemacht, und darüber bin ich sehr froh.

Seitdem setze ich mich mehr mit dem Thema Sterben auseinander. Ich möchte Sterben nicht als etwas Diffuses, nicht Greifbares, definieren. Und ich finde, jeder sollte sich damit beschäftigen, denn wenn man das tut, dann nimmt das ein wenig die Angst vor dem Unbekannten. Denn eine Tatsache ist, dass niemand wirklich weiß, wie Sterben geht, das wissen nur die, die tot sind. Ich weiß, es gibt diese Geschichten von dem hellen Licht und dem Tunnel, davon, dass man auf sich selbst herabblickt, schwebend von oben, aber wer weiß schon, ob das nicht in Träumen passiert.

Ich kann nur wiederholen, wie froh ich bin, gesund zu sein. Zu Recherchezwecken war ich mal in einem Hamburger Hospiz und das war, so dämlich sich das jetzt liest, eine schöne Erfahrung. Ich habe mit den dort arbeitenden Leuten gesprochen und auch mit den Gästen, die hier auf Zeit wohnten.
Von Anfang an war es zwar schön, aber auch merkwürdig. Ich kam da rein und hatte das Gefühl, ich befinde mich in einem Mutterleib. Während ich darauf wartete, dass ich abgeholt wurde, wurde das Gefühl stärker. Ein warmes, angenehmes, sachtes Gefühl. Es war hier ruhig und still, nichts, rein gar nichts war zu hören. Offenbar, dachte ich, sterben die Menschen hier leise.
Ich sprach lange mit einer Mitarbeiterin, dann auch mit Gästen. Eine Frau in meinem Alter hatte ein Pankreas-Karzinom, überhaupt hatten viele Krebserkrankungen, die nicht mehr heilbar waren. Was mir auffiel, war die Tatsache, dass niemand mit seinem Schicksal haderte. Kein Gast war wütend oder redete aufgeregt. Nein, eine stille Ruhe lag über allen Gästen. Das fand ich einerseits seltsam, andererseits sehr tröstlich. Offenbar hatte man sich mit den Tatsachen abgefunden.
»Es ist einfach so, ich kann es nicht ändern«, sagte mir ein Gast. »Also warte ich ab, was so kommt. Ich merke auch, dass irgendwas anders geworden ist. In mir.«

Mein Besuch im Hospiz war denkwürdig, ich werde den nie vergessen. Und ich finde es wunderbar, dass es solche Einrichtungen gibt. Ist es nicht schön, umsorgt zu sterben?

Wie so viele Menschen habe ich Angst davor, dement zu werden, vor mich hinzuvegetieren, nichts mehr allein entscheiden zu können, in meinen Exkrementen zu liegen. Ein entsetzlicher Gedanke, den ich meistens verdrängt habe.

Jetzt aber nicht mehr.

Und ich mache mir öfter mal Gedanken, ob ich Sterbehilfe in Anspruch nehmen würde. Gibt es ja, wenn auch nicht hier.

Ich finde, jeder sollte sich mit diesem Thema beschäftigen, es ist so wichtig.

Und jede und jeder, verdammt noch mal, sollte, solange es geht, das Leben genießen und leben. So wie Frau K. Die hat es richtig gemacht, das war eine richtig coole Aktion damals.

Man muss sich ja nicht gleich trennen und eine Weltreise machen, aber eine gesunde Portion Egoismus ist doch nicht schlecht. Wobei das von Frau K. noch nicht mal egoistisch war, die hat nur einmal was machen wollen, das für sie selbst war und nicht für andere.

Also: Haut rein und lebt! Das letzte Hemd hat keine Taschen!

Erzählen Sie doch mal – älteren Menschen zuhören ist so schön

Als ich klein war, bin ich nach dem Kindergarten und auch nach der Schule immer ins Schuhgeschäft meines Opas gegangen, dort arbeiteten auch meine beiden Onkel und ich durfte oft Schuhe sortieren, aber das war mir auf Dauer zu langweilig. Ich schloss Freundschaft mit einer alten Dame, die Käthe Hamann hieß und ihre Wurzeln in Leipzig hatte. Ich erinnere mich noch genau daran, wie gemütlich ihr Wohnzimmer eingerichtet war. Mit Samtvorhängen und weich gepolsterten Sesseln und mit einer Stehlampe, die ein unglaublich tröstliches, warmes Licht verstrahlte.

Beinahe täglich ging ich zu Frau Hamann und sie kochte uns Tee, und ich blätterte in ihren Yellow-Press-Zeitschriften, die damals noch als Klatsch-Illustrierte bezeichnet wurden, und ich hörte Frau Hamann zu.

Sie konnte wunderbar erzählen.

Sie erzählte von ihrem Mann, von ihren Kindern, ihrer Nichte Birgit, die ganz toll malen konnte, sie holte eine Mappe mit Bildern, die Birgit gemalt hatte, und die waren wirklich toll.

Und dann, irgendwann, fing Käthe Hamann an, mir vom Krieg zu erzählen. Sie erzählte von dem Lärm, den erst die Sirenen und dann die Bomben machten, sie erzählte von ängstlichen Stunden im Luftschutzkeller oder -bunker, und dann erzählte sie davon, wie es gebrannt hatte, und dass man sich wegen des Rauchs Lappen vors Gesicht hielt, um nicht zu ersticken.

Ich lauschte mit großen Ohren. Sie holte sogar den Lappen, den sie noch hatte, und ließ mich daran riechen. Tatsächlich roch er immer noch nach Rauch, obwohl der Krieg damals seit fast 30 Jahren vorbei war.

Frau Hamann erzählte weiter. Von den Trümmern, von dem Hunger, auch von der Gewalt, die ihr widerfahren ist, aber das deutete sie nur an.

Und dass sie heute unglaublich dankbar dafür war, dass sie überlebt hatte und dass es ihr nun gut ging und sie schon lange keine Angst mehr haben musste.

Sie gab mir wunderbare Ratschläge, ich habe mir einige sogar, ich konnte gerade schreiben, aufgeschrieben.

- Lächeln. Wer lächelt, sieht freundlich aus, und man fühlt sich besser, wenn man lächelt (stimmt, sie hat immer gelächelt).
- Sei freundlich und hilfsbereit (das habe ich in der Tat übernommen).
- Rede nicht schlecht über andere Leute, rede mit ihnen und sage ihnen, was dich stört (manchmal nicht so einfach, nicht jeder ist kritikfähig).
- Sei dankbar und gehe mit offenen Augen durchs Leben, es gibt viel zu entdecken.
- Gib nicht gleich zu viel von dir preis, nicht jeder meint es gut mit dir.
- Sieh den Menschen in die Augen. Oft erkennst du dann schon, ob sie gut oder schlecht sind.

Schon interessant, dass ich jetzt in einem Alter bin, in dem ich diese Ratschläge auch geben würde.

Jedenfalls war ich immer gern bei ihr. Sie war so unglaublich lebensklug. Einmal war ich mit ihr im Kurpark spazieren, da konnte sie noch gut laufen. Und sie sagte, wer die Sonne im Herzen trägt, gibt sie auch an andere weiter. Das konnte ich bei ihr nur unterschreiben. Frau Hamann strahlte eine unglaubliche Ruhe und Sicherheit aus. Wenn man sie unterhakte, wurde es warm. Ich werde nie unsere Gespräche vergessen.

Wie das so ist, man wird älter und muss irgendwann nach der Schule nicht mehr ins Schuhgeschäft, und so wurde auch der Kontakt zu Frau Hamann weniger. Aber ich besuchte sie immer wieder mal, nur nicht mehr so regelmäßig wie damals. Dann zogen wir weg und mein Onkel erzählte mir eines Tages, sie sei gestorben. Wie das auch so ist, denkt man immer mal wieder an einen Menschen, der einen ein Stück des Weges begleitet hat; an Käthe Hamann erinnere ich mich mit Sonne im Herzen, einem Lächeln, Dankbarkeit und Freude am Leben. Ich weiß nicht, ob diese Gespräche etwas »mit mir gemacht haben«, aber ich denke schon. Ich versuche, ihre Ratschläge zu beherzigen, so weit es geht, und ich muss immer mal wieder an sie denken.

Es ist einfach so. Man lernt viel von den alten Menschen. Wie auch nicht, haben sie doch ein gelebtes Leben hinter sich und nicht mehr so viel Zeit vor sich.

Eine Zeit lang habe ich in einem Altersheim den Bewohnerinnen und Bewohnern vorgelesen, und wie es so ist, kommt man danach auch ins Gespräch.

Auch da habe ich viel mitgenommen.

- Jeden Tag genießen.
- Jede Stunde bewusst erleben.
- Jede Minute auch.
- Sich nicht über Dinge ärgern, sondern versuchen, sie hinzunehmen oder zu ändern, aber sich nicht das Leben vergällen mit so was.

- Kümmert euch umeinander. Es gibt so viele einsame Menschen, seid gute Nachbarn.
- Seid aufmerksam und bewahrt euch eure Neugierde, es gibt so viel zu sehen und zu erleben.
- Haltet auch mal inne und hört in euch rein, einfach so. Wie geht es uns?
- Seid gut zu euch, einfach gut. Hört auf euren Körper, geht zum Arzt, wenn irgendwas merkwürdig ist.

Ich handle danach, wirklich. Es ist gar nicht schwer. Wenn ihr alte Leute kennt, redet mit ihnen. Es ist oft die Zeit, die sie brauchen. Sie sind oft einsam in ihrer Wohnung oder in ihrem Zimmer im Heim, vielleicht weil sie keine Angehörigen haben oder die Angehörigen kein Interesse haben oder zu weit weg wohnen.

Man muss nur gut sein wollen, dann klappt das auch. Und die Dankbarkeit ist mit nix zu vergleichen, ehrlich!

NACHWORT
Die etwas andere Bucket-List

Vor ein paar Jahren ploppten sie auf: die persönlichen Bucket-Listen. Leute erzählten einem ungefragt, was sie bis zu ihrem Lebensende unbedingt noch erleben oder tun möchten. Natürlich gönne ich jedem den Jakobsweg und den Fallschirmsprung, aber das heißt nicht, dass man das unbedingt machen muss, denn das kommt oft so rüber: Ätsch, ich hab das gemacht, ihr Flitzpiepen nicht.

Das drängt mich zu einer eigenen Bucket-Liste: **Sachen, die ich ganz sicher nicht oder nicht noch mal machen werde.**

Natürlich ist wieder mal meine trottelige Gutmütigkeit an vielen Sachen, die gemacht wurden, schuld, aber ich finde, jeder sollte so eine Liste haben und auch draufschauen.

Fangen wir an:

✘ Bungee-Jumping

Vor langer Zeit lebte mal eine braunhaarige junge Frau in Hessen und arbeitete dort bei einem Radiosender. Zu dieser Zeit trug es sich zu, dass ein Irrer namens Jochen Schweizer plötzlich aus dem Nichts auftauchte und Bungee-Jumping und Ballonfahrten (und mittlerweile auch so Sachen wie Body-Flying) anbot. Die braunhaarige Frau hat das in der Zeitung gelesen und gedacht: Ach, das könnte man doch mal an die Hörer verlosen. Plötzlich boten alle Leute Bungee-Jumping an. Sie nahm Kontakt mit einer Firma auf und man bot ihr sogar an, selbst einen Bungee-Jumping-Jump zu erleben. »Das ist ein unglaubliches Erlebnis«, sagte die junge Frau am Telefon und die braun-

haarige Frau dachte: Warum nicht? In der Redaktion waren auch alle ganz begeistert und so kam es, dass die junge Frau eines schönen Morgens neben einer Art Riesenkran stand. Mit einem Transportkorb wurde sie nach oben gebracht. Der jungen Frau wurde von Meter zu Meter schlechter und sie stellte fest, dass sie unter akuter Höhenangst litt. Das Team wollte davon nichts hören. Denn der Sprung der jungen Frau würde gleich (man befestigte noch Mikrofone und kleine Sender an ihr) live im Radio übertragen werden und die junge Frau sollte während des Sprungs »erzählen, wie sie sich so fühlt«.
Es war ein Albtraum. Ich stand da oben, wurde wie Schlachtvieh gewogen und alle zuzzelten an mir rum.
Dann sagte ich: »Ich habe es mir anders überlegt, ich springe nicht. Ich will wieder nach unten fahren.« Auf gar keinen Fall würde ich da runterspringen, die hatten wohl nicht mehr alle Frösche im Teich.
»Das geht nicht, das war jetzt so abgemacht«, sagte eine junge Blonde zu mir. Ich hörte über ein Headset den Moderator der laufenden Sendung sagen, dass gleich eine Kollegin einen Bungee-Jump machen werde. Das sei alles sehr aufregend.
Man klinkte was an mir ein und noch was, und dann da noch was und da noch was und ich hörte, dass der Musiktitel gleich zu Ende wäre.
»Ich will nicht springen«, sagte ich zum Moderator.
»Du spinnst wohl, sicher springst du, das ist fest in der Sendung eingeplant«, bekam ich zu hören und war verzweifelt. Noch 20 Sekunden.
»In 20 Sekunden ist es so weit und wir sind alle schon ganz gespannt ... noch zehn Sekunden ...«

»Ich will nicht!«, rief ich. Der Moderator begann mit der Anmoderation und ich schwitzte wie in der Sauna. Ich würde sterben, ganz sicher. Mein Herz würde gleich aussetzen, es raste schon wie verrückt.
Ich wollte die Befestigungen entfernen, um klarzumachen, dass ich nicht springe, und dann geschah etwas, was ich nie vergessen werde: Man stieß mich einfach runter. Kreischend sauste ich in die Tiefe und war völlig panisch.
»Wie fühlt sich das an?«, fragte der Moderator fröhlich, aber ich schrie nur wie am Spieß. Wenn man es glauben darf, sind bei meinen Schreien in Hessen drei Auffahrunfälle passiert, die Fahrer hatten sich ob meiner brüllenden Schreie zu Tode erschreckt.
Ich dachte, ich würde sterben, ehrlich jetzt. Ich schloss die Augen und dann war es immer noch nicht vorbei, man hing ja an so einem Gummiband und sauste immer noch hoch und runter, hoch und runter.
Nachdem ich endlich frei war, schnauzte ich die Verantwortlichen an.
»Aber es war ja so ausgemacht.«
Ich bin dann einfach gegangen.
Nein, ich kann nicht verstehen, warum sich Menschen freiwillig solchen Erlebnissen aussetzen.
Bungee-Jumping. Paragliding. Fahrten im Heißluftballon. Das ist doch furchtbar. Wenn man da an einem Strommast hängen bleibt und wie ein Stein in die Tiefe saust. Oder der Ballon reißt, weil ein Vogel reingeflogen ist. Oder, oder, oder ...

✘ Nie wieder werde ich mit Leuten in den Urlaub fahren, die ich nicht kenne.

»Jan und Anna sind so nett«, hatte mein damaliger Freund gesagt, den Namen hab ich vergessen. »Das wird bestimmt riesig nett. Komm, sag ja, wir haben da sogar einen Pool.« Eine Finca auf Mallorca für zwei Wochen ist natürlich nicht schlecht, und günstig noch obendrein, denn sie gehörte Annas Eltern und Anna und Jan waren Freunde von meinem Freund, mit dem ich damals noch nicht so lange zusammen war.

Wir also: Flug gebucht, Koffer gepackt, dahin geflogen.

Jan und Anna waren schon da und holten uns vom Flughafen ab. Ob es denn in Ordnung sei, wenn wir noch einkaufen, bevor wir zur Finca fahren, denn abends wollte Anna etwas Landestypisches kochen, eine Paella. Um ehrlich zu sein wäre ich lieber erst mal in die Finca gefahren, um mich ein wenig auszuruhen, aber was sollte es ...

»Könnt ihr bitte die Schuhe ausziehen, bevor ihr ins Auto steigt?«

?

»Äh, ja, klar.«

»Haha, Anna ist eine ganz Saubere«, lachte Jan.

Es war August und brüllend heiß, natürlich hatte das Auto keine Klimaanlage. Wie gern wäre ich einfach in den Pool gesprungen. Aber nein, es musste eingekauft werden. Ich bezahlte, weil ich dachte, das gehört sich so. Immerhin zahlten wir weniger für den Urlaub, als es normalerweise kosten würde.

Vor dem Haus sagte Anna: »Zieht ihr bitte die Schuhe wieder aus?«

Das konnte ich noch nachvollziehen.

Die Finca war sehr schön und sehr sauber und sehr aufgeräumt.

Ich freute mich so auf den Pool, dass ich schon Kopfweh bekam.

Anna zeigte uns das Haus.

Unser Bett war nur 1,40 breit. Grumpf.

Und dann gingen wir nach draußen, gefühlt bei 40 Grad im Schatten.

»Und das ist der Pool.«

Ich starrte auf ein großes, rechteckiges Schwimmbecken, das nur einen Makel hatte: es war leer.

»Irgendwas mit der Pumpe«, sagte Anna. »Aber ich bin eh nicht so eine Wasserratte.«

Ich mach es kurz. Der Urlaub war kein Urlaub, es waren zwei Wochen lang Tage, die aus Anweisungen bestanden.

- Bitte schüttelt eure Jacken aus, bevor ihr reingeht, da ist überall Schmutz drin.
- Könnt ihr zum Supermarkt fahren und einkaufen?
- Habt ihr Zitronen mitgebracht?
- Heute seid ihr mit Kochen dran.
- Nein, Frühstück nicht später als sieben, sonst spielt meine innere Uhr verrückt.
- Nein, am Strand baden wir nicht, da sind zu viele Leute. Ich bin eh nicht so eine Wasserratte.
- Wein? Nein, haben wir nicht. Hier in der Finca wird kein Alkohol getrunken, ich möchte auch nicht, dass ihr Alkohol trinkt.
- Ausgehen? Wohin denn? Man kann doch fernsehen. Nein, das Auto verleihe ich nicht.

Und so weiter. Es war nun auch nicht so, dass man nette Gespräche mit den beiden führen konnte, sie waren einfach brunzlangweilig und hatten überhaupt keinen Humor. Jedes

Gespräch, das ich zu führen begann, hatte plötzlich Pausen, die unangenehm waren, und irgendwann hatte ich keine Lust mehr, überhaupt noch was zu sagen.

Nie wieder, ich schwöre, nie wieder fahre ich mit Leuten in den Urlaub, die ich nicht kenne. Gerade Urlaub ist doch eine Zeit, in der alles oder zumindest vieles passen sollte. Ich habe mich kurz nach diesem Urlaub von meinem Freund getrennt und auch Jan und Anna niemals mehr wiedergesehen.

✘ Nie wieder werde ich auf ein Fußballspiel oder ein Konzert gehen, wenn ich nicht in den VIP-Bereich darf, was ich selten bis nie darf.

Die goldenen Zeiten, die ich in den 1990er-Jahren erlebte, sind leider vorbei. Ich rede von den Zeiten, als wir als Mitarbeitende des Hessischen Rundfunks Freikarten für alle möglichen Veranstaltungen bekommen haben. Und ich rede nicht von irgendwelchen Freikarten, ich rede von VIP-Karten: Man hockt fernab vom Mob in einem bequemen Sessel, bekommt Schnittchen und Sekt und darf wie damals Nero mit Poppaea Sabina dabei zusehen, wie die Massen unter einem sehnlichst auf die Künstler warten.

Natürlich hatten wir im VIP-Bereich auch die beste Sicht. War es ein Open-Air-Konzert und es begann zu regnen, gab es hier eine Markise, während der Mob klatschnass wurde. Das waren unsere goldenen Zeiten.

Mittlerweile ist das nicht mehr so, und dann war ich mit meinem Sohn mal auf einem Fußballspiel, das ich so nie wieder erleben möchte. Man saß da auf harten Schalensitzen und alle um einen rum schrien sich die Seele aus dem Leib. Ich wurde mit Bier und Cola geduscht, mein Hotdog fiel auf den Boden und wurde zertreten, und ich machte bei der La-Ola-Welle alles falsch. Es war fürchterlich. In der Pause wollte ich aufs Klo: hundert Meter lange Schlange. Ich trank nix mehr: Kopfweh. Zweite Halbzeit: strömender Regen, Gewitter, Spielunterbrechung, Kreischerei von den Fans, Kloppereien untereinander, grausam.

Nach der zweiten Halbzeit (ich weiß nicht mehr, wer gegen wen gewonnen hat) wollte ich nur noch nach Hause und duschen. Und schwor mir, niemals wieder ein Fußballspiel zu besuchen. Dasselbe gilt für Konzerte.

Im VIP-Bereich wunderbar, man fühlt sich als Patrizier und grüßt huldvoll die Plebejer. Ist man selbst Plebejer, sieht die Sache anders aus. Man steht sich die Beine in den Bauch, rutscht auf dem Boden aus und fliegt hin, weil überall Getränke umkippen. Das Trommelfell platzt fast, weil irgendwer einem was ins Ohr brüllt. Weil ich so klein bin, sehe ich nie die Band, sondern immer nur die Arme, wenn sie hochgerissen werden; ansonsten die Köpfe der Fans.

Nie wieder werde ich mir so was antun.

Da lobe ich mir den guten alten Fernseher.

Ich bin aus dem Alter einfach raus. Ich muss das nicht machen. Sollen doch alle machen, was sie wollen, ich mach es nicht mehr.

Das ist mein Mittelweg: schön vor dem Fernseher hocken, ein gutes Glas Wein, und zugucken, wie sie alle jubeln und schreien. Ohne nass zu werden. Herrlich.

✘ Nie wieder werde ich auf dem Jahrmarkt oder in Freizeitparks mit den Attraktionen fahren, nie wieder.

Ich bin, was das angeht, durch eine harte Schule gegangen. Es fing an mit der Eichhörnchenbahn in der Lochmühle; man fuhr mit seinem kleinen Sohn mit ungefähr 5 km/h drei Runden, tüfftüff, dann war es vorbei. Das ging noch. Vielleicht habe ich das Pech gepachtet, denn schon am nächsten »Erlebnispunkt« scheiterte ich. Man setzte sich in eine Art Waggon, wurde einige Meter hoch über einen Teich gezogen und dann schoss der Waggon nach unten und klatschte in das Wasserbecken. Alle Kinder überlebten das ohne Schaden, ich aber knallte mit dem Hinterkopf gegen die Rückwand des Teils und dachte schon, es sei etwas gebrochen; zusätzlich wurde ich von einer Wespe ins Kinn gestochen, und sah dann aus wie Quasimodo.

Weiter ging es im Holiday Park in der Pfalz. Jeder kennt diese Wildwasserbahnen, in denen man plötzlich abrupt losrast. Ich war damals mit meiner Freundin und ihrem Sohn und meinem Sohn da, wir hockten in dem Ding, und während wir hochgezogen wurden, damit es so richtig losgehen konnte, fing es mal wieder an zu regnen. Wenn es regnete, durften diese Gerätschaften nicht fahren. Wir aber wurden ja gerade eine Bahn hochgezogen. Dann nicht mehr, die Bremsen versagten und wir rasten rückwärts wieder runter, kreischend und mit Todesangst.

✘ Nie wieder werde ich auf dem Jahrmarkt folgende Gerätschaften benutzen:
  - Diesen Freifallturm. Oben angelangt stellte ich fest, dass der Verschlussbügel gar nicht richtig verschlossen war.
  - Geisterbahn. Ich schlage da um mich und habe schon einen Studenten verletzt, der mir ins Gesicht fassen wollte.

- Diese Art Teller, der sich dreht und man muss sich am Rand festhalten. Ich wurde zusammen mit meinem Sohn losgerissen und wir flogen auf dem Teller hin und her
- Achterbahn. Warum habe ich das getan? Man begibt sich in eine Situation, die man selbst nicht steuern kann und schreit vor Angst. Ich will nicht mehr vor Angst schreien.
- Schiffschaukel. Wem eine sechsköpfige Familie gegenübersitzt, die anfängt zu kotzen, weiß, wovon ich spreche.
- Autoscooter. Mache ich nicht mehr, seitdem ich als Sechsjährige mit dem Kopf auf das Lenkrad geknallt bin und geblutet habe, als wäre ich gerade abgestochen worden.

So. Das war's von mir.
Ich hoffe, jeder konnte mal Wein sagen und auch mal Nein, ich hoffe, man nimmt nicht alles allzu ernst, sondern mit Humor.
Tatsache ist: Wir alle werden nicht jünger und sollten das Leben, das wir haben, auch leben, und zwar so gut es geht! Nicht alles so eng sehen, mal ein Auge zudrücken.

Ich danke Ariane Hug von GU.
Und auch Imke Rötger, meiner Lektorin.
Ich danke meinen Freundinnen und Freunden.
Und meinem Mann Fridtjof. Es ist wahrlich eine Freude, täglich mit dir Wein zu sagen!

IMPRESSUM

DIE BÜCHERMENSCHEN HINTER STEFFIS PROJEKT

Verlagsleitung: Eva Dotterweich
Projektleitung: Ariane Hug
Lektorat: Imke Rötger
Cover: ki36 Editorial Design, München
Layout: ki36 Editorial Design, München
Satz: Uhl + Massopust, Aalen
Herstellung: Petra Roth
Fotografie: Fridtjof Gunkel
Illustration: Roberta Nunes
Reproduktion: Medienprinzen GmbH, München
Druck & Bindung: Livonia Print, SIA

Alle Rechte vorbehalten. Nachdruck, auch auszugsweise, sowie Verbreitung nur mit schriftlicher Genehmigung des Verlages. Die automatisierte Analyse des Werkes, um daraus Informationen insbesondere über Muster, Trends und Korrelationen gemäß § 44b UrhG (»Text und Data Mining«) zu gewinnen, ist untersagt.

© 2025 GRÄFE UND UNZER VERLAG GmbH
Grillparzerstraße 12, 81675 München

www.gu.de/kontakt | hallo@gu.de

GU ist eine eingetragene Marke der
GRÄFE UND UNZER VERLAG GmbH

1. Auflage 2025, ISBN: 978-3-8338-9463-3

ZUR AUTORIN

Steffi von Wolff liebt es, durch den Wald zu walken, mag gerne Sahnetorte und gechillte Abende auf ihrem Sofa in Hamburg. Auch nach zahlreichen Buchprojekten hat sie nicht genug vom Schreiben und sitzt schon wieder an einer neuen Idee, die zum Buch werden möchte.

Besuche Steffi von Wolff auf:

 @steffivonwolff

WICHTIGER HINWEIS

Die Gedanken, Methoden und Anregungen in diesem Buch stellen die Meinung bzw. Erfahrung des Verfassers dar. Sie wurden vom Autor nach bestem Wissen erstellt und mit größtmöglicher Sorgfalt geprüft. Sie bieten jedoch keinen Ersatz für persönlichen kompetenten medizinischen Rat. Jede Leserin, jeder Leser ist für das eigene Tun und Lassen auch weiterhin selbstverantwortlich. Weder Autoren noch Verlag können für eventuelle Nachteile oder Schäden, die aus den im Buch gegebenen praktischen Hinweisen resultieren, eine Haftung übernehmen.

IMPRESSUM

G|U

LIEBE LESERIN, LIEBER LESER,

wie wunderbar, dass du dich für ein Buch von GU entschieden hast! In unserem Verlag dreht sich alles darum, dir mit gutem Rat dein Leben schöner, erfüllter und einfacher zu machen. Unsere Autorinnen und Autoren sind echte Expertinnen und Experten auf ihren Gebieten, die ihr Wissen mit viel Leidenschaft mit dir teilen. Und unsere erfahrenen Redakteurinnen und Redakteure stecken viel Liebe und Sorgfalt in jedes Buch, um dir ein Leseerlebnis zu bieten, das wirklich besonders ist. Qualität steht bei uns schon seit jeher an erster Stelle – jedes Buch ist von Büchermenschen für Buchbegeisterte gemacht, mit dem Ziel, dein neues Lieblingsbuch zu werden.

Deine Meinung ist uns wichtig, und wir freuen uns sehr über dein Feedback und deine Empfehlungen – sei es im Freundeskreis oder online.

Viel Spaß beim Lesen und Entdecken!

P.S. Hier noch mehr GU-Bücher entdecken: www.gu.de

FÜR DIE UMWELT

Dieses Buch wurde auf PEFC-zertifiziertem Papier aus nachhaltiger Waldwirtschaft gedruckt.
Aus Liebe zur Natur verwenden wir leichtes Papier.

WERDE TEIL DER GU-COMMUNITY!

Du und deine Familie, dein Haustier, dein Garten oder einfach richtig gutes Essen. Egal, wo du im Leben stehst: Als Teil unserer Community entdeckst du die neuesten GU-Bücher als erstes, du genießt exklusive Leseproben und wirst mit wertvollen Impulsen und kreativen Ideen bereichert.

Worauf wartest du? Sei dabei!

www.gu.de/gu-community

WARUM UNS DAS BUCH BEGEISTERT

Ich habe bei der Badewannenszene Tränen gelacht – und achte seitdem beim Buffet auf Maß und Spaß.

Eva Dotterweich, Verlagsleitung

Für dein glücklichstes Ich.

Humorvoller Ratgeber mit beißendem Witz und Tiefgang für alle, die sich selbst zur Königin der Schlagfertigkeit krönen wollen - von der beliebten Radiomoderatorin und Comedienne.

Hier gehts zum Buch:

Einfach scannen und mehr erfahren.